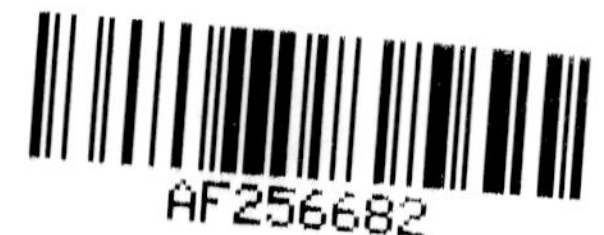

Fantasía Oscura

LIBRO DE COLOREAR

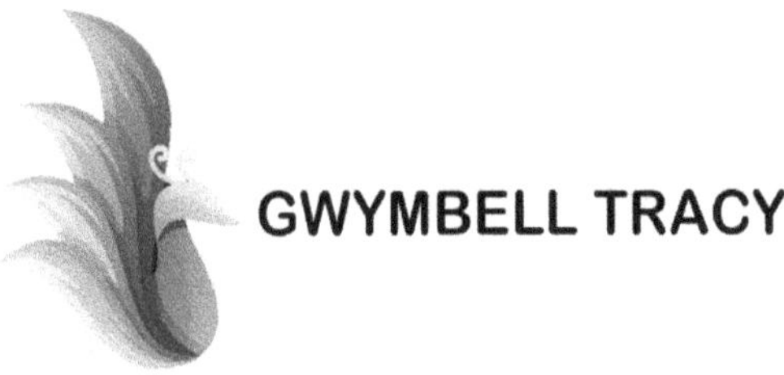

¿Tiene usted alguna pregunta? Haznos saber.

gwymbelltracy@gmail.com

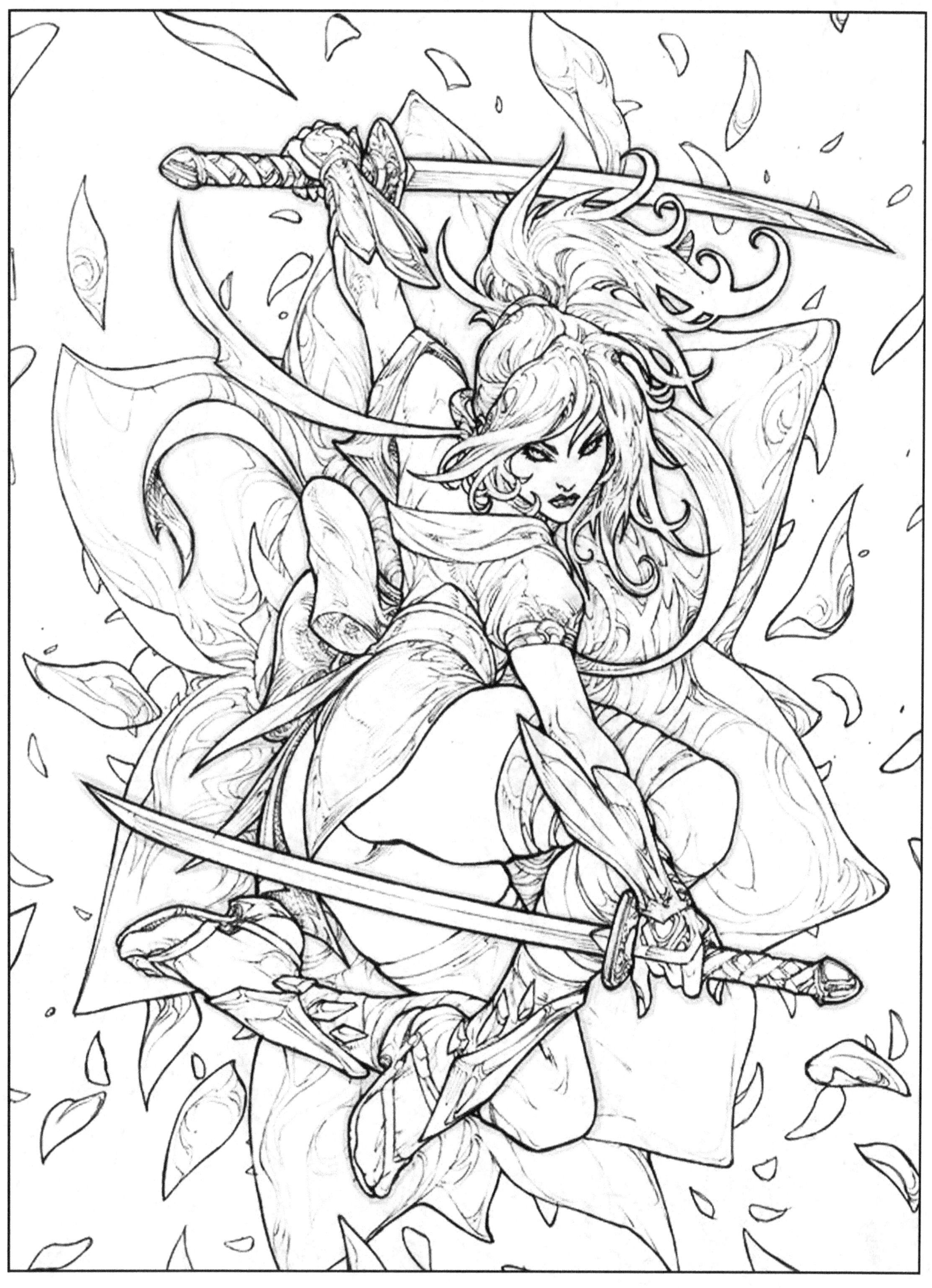

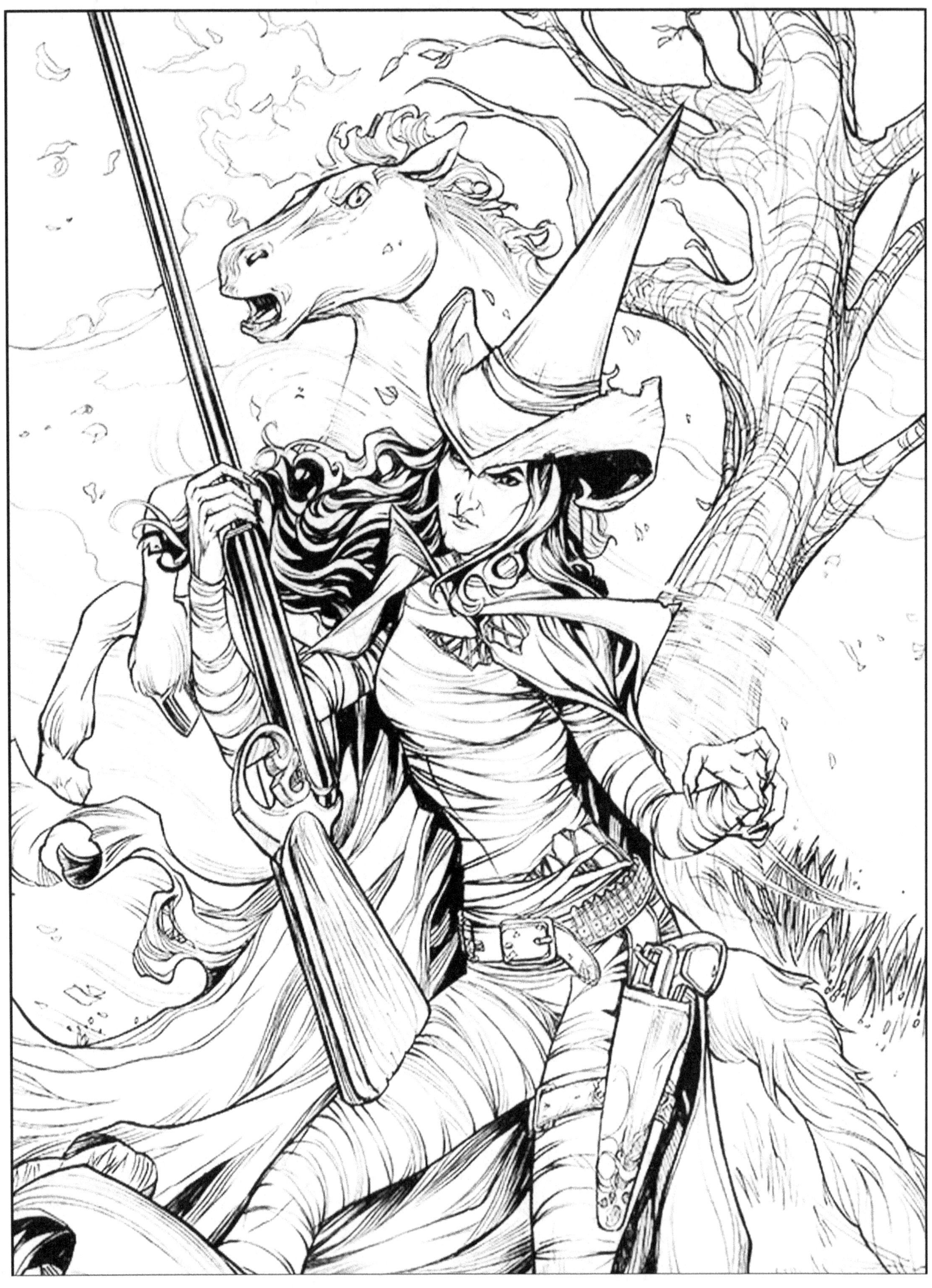

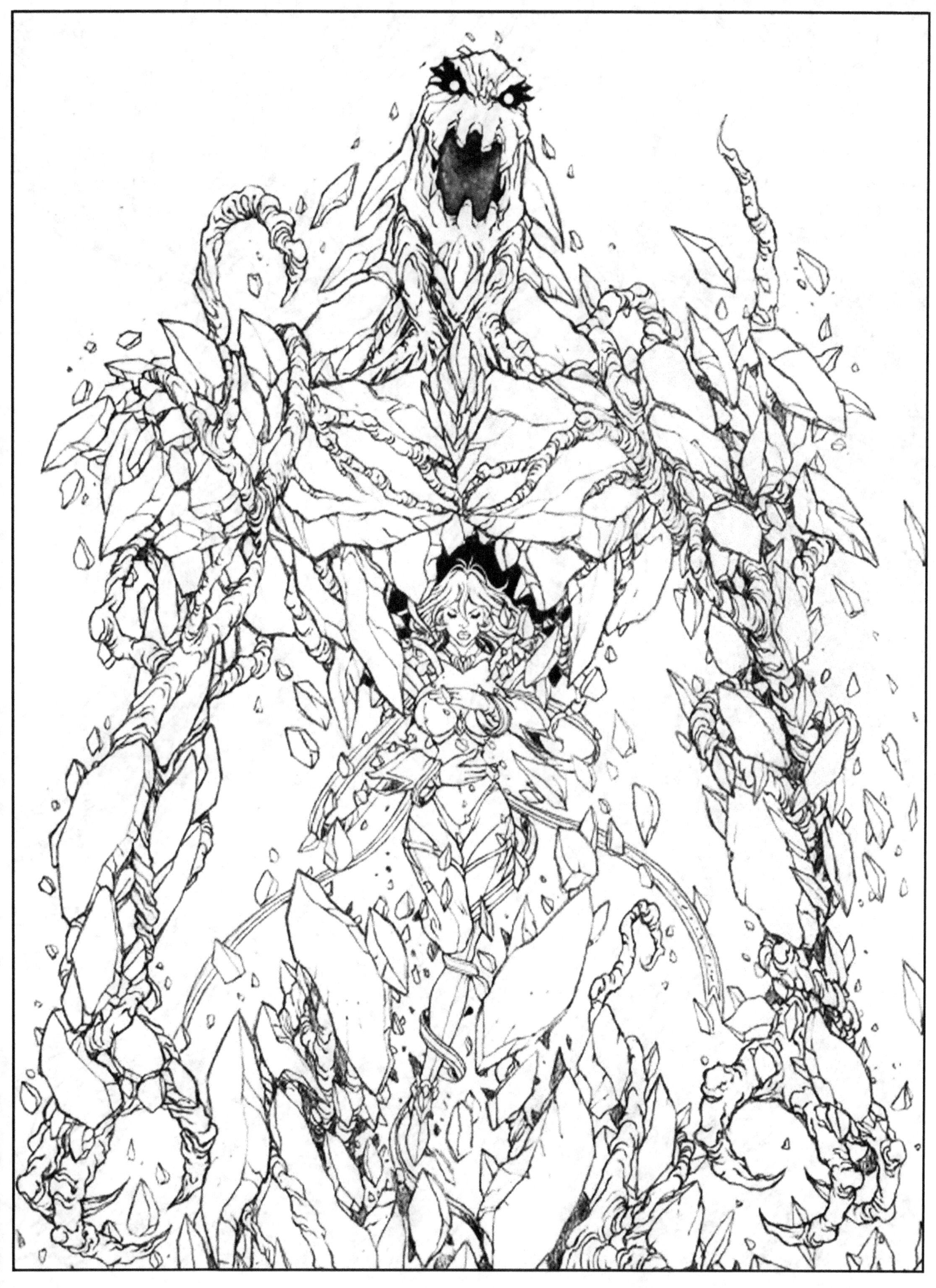

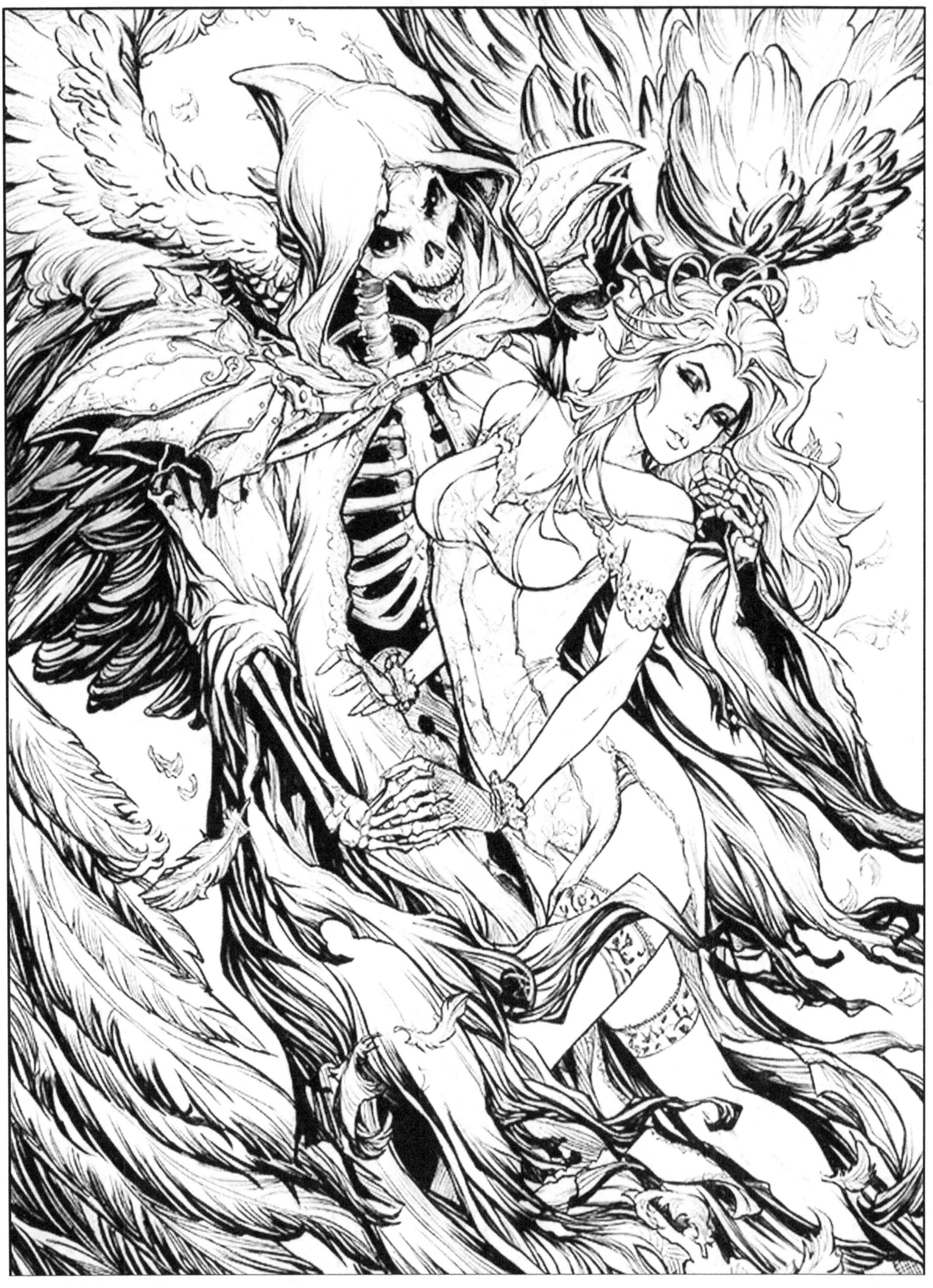

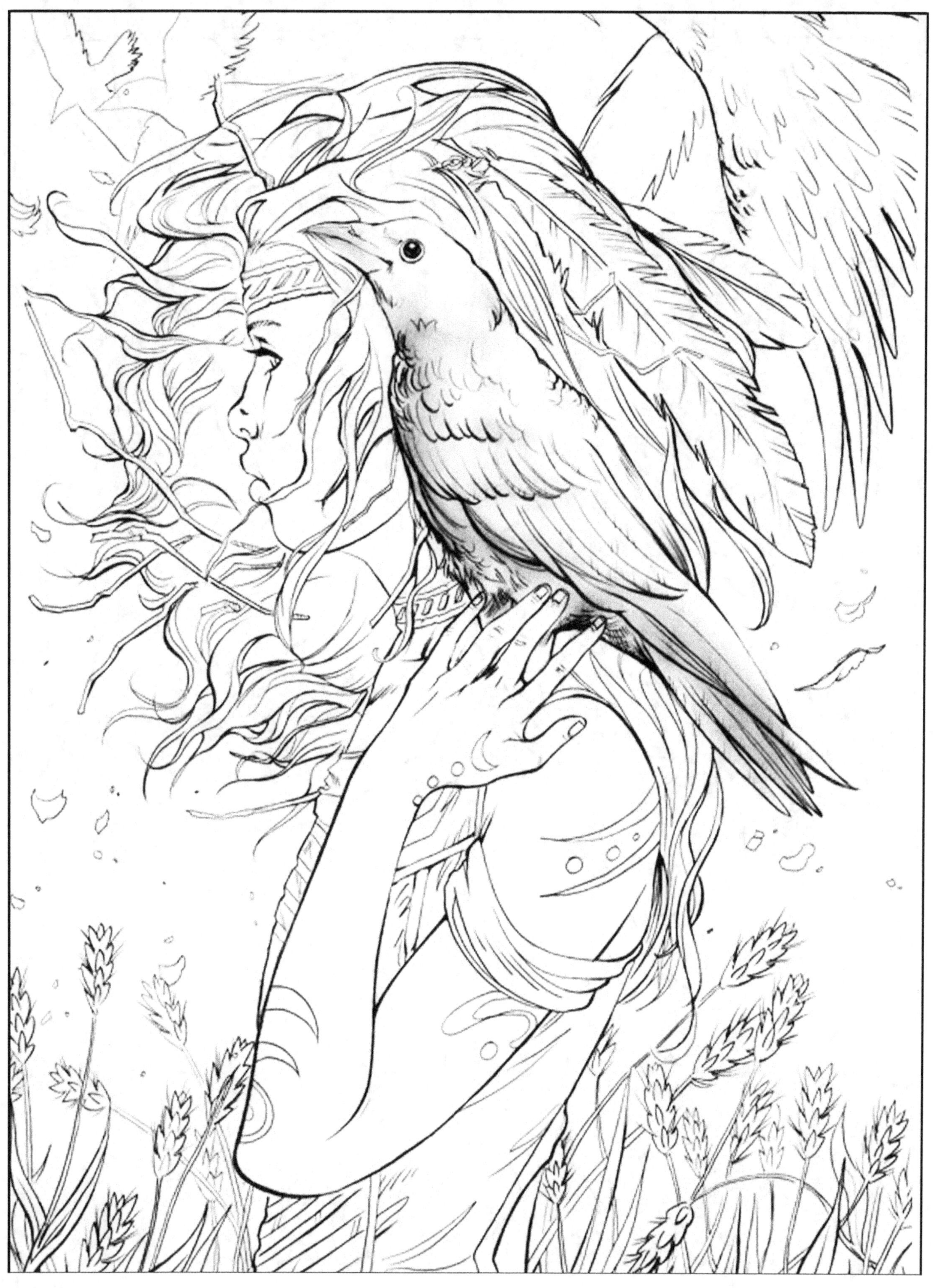

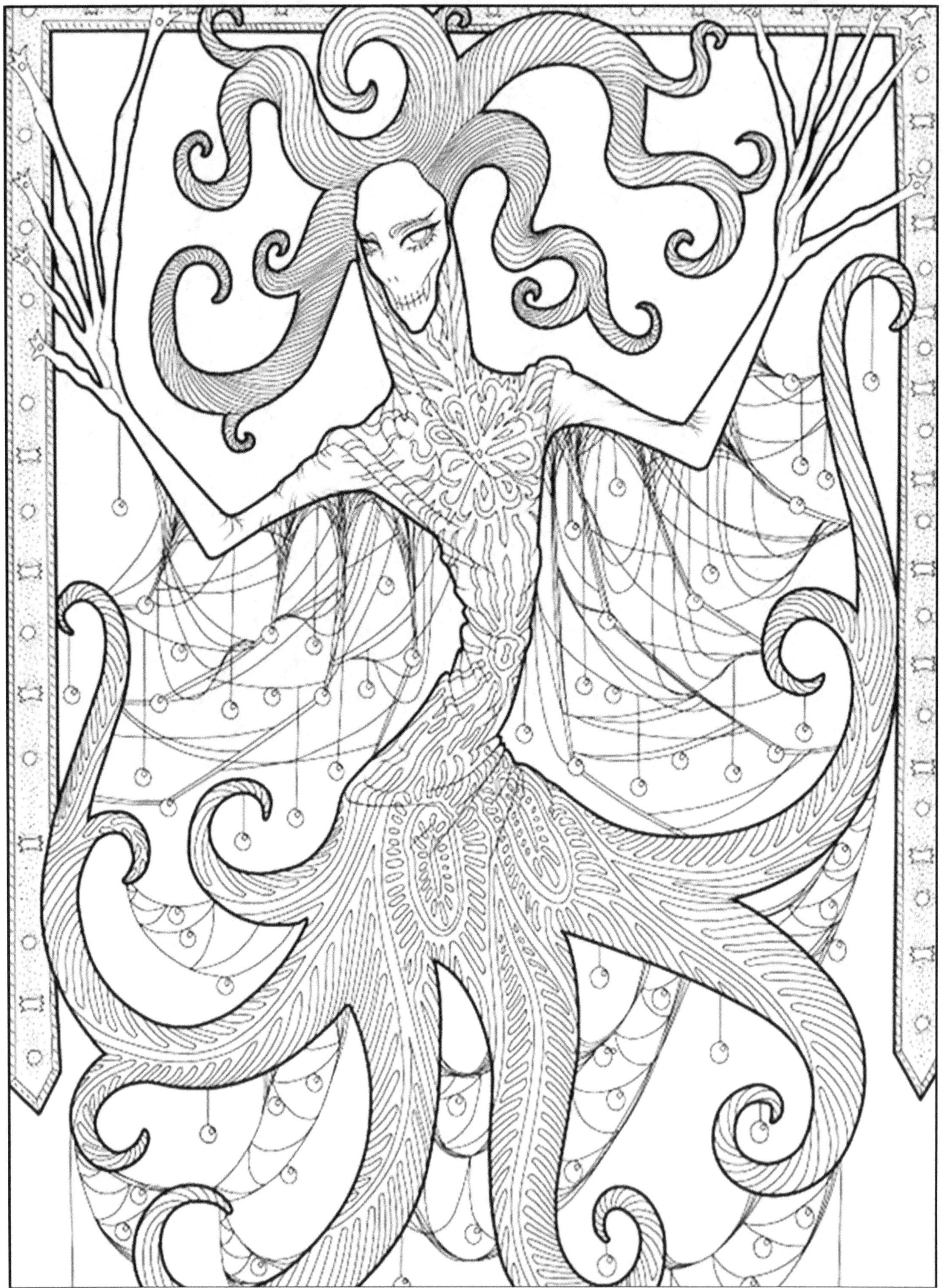

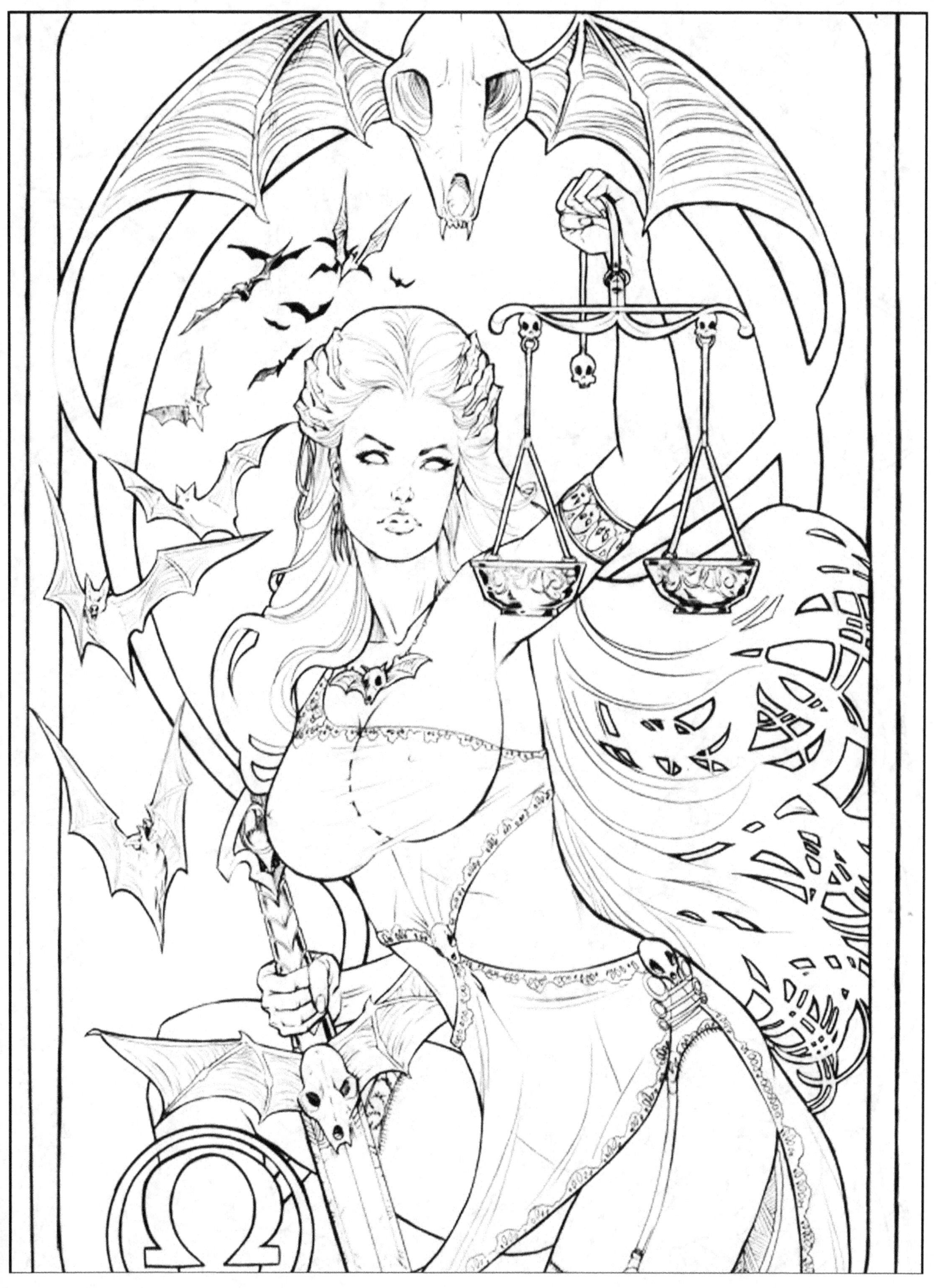

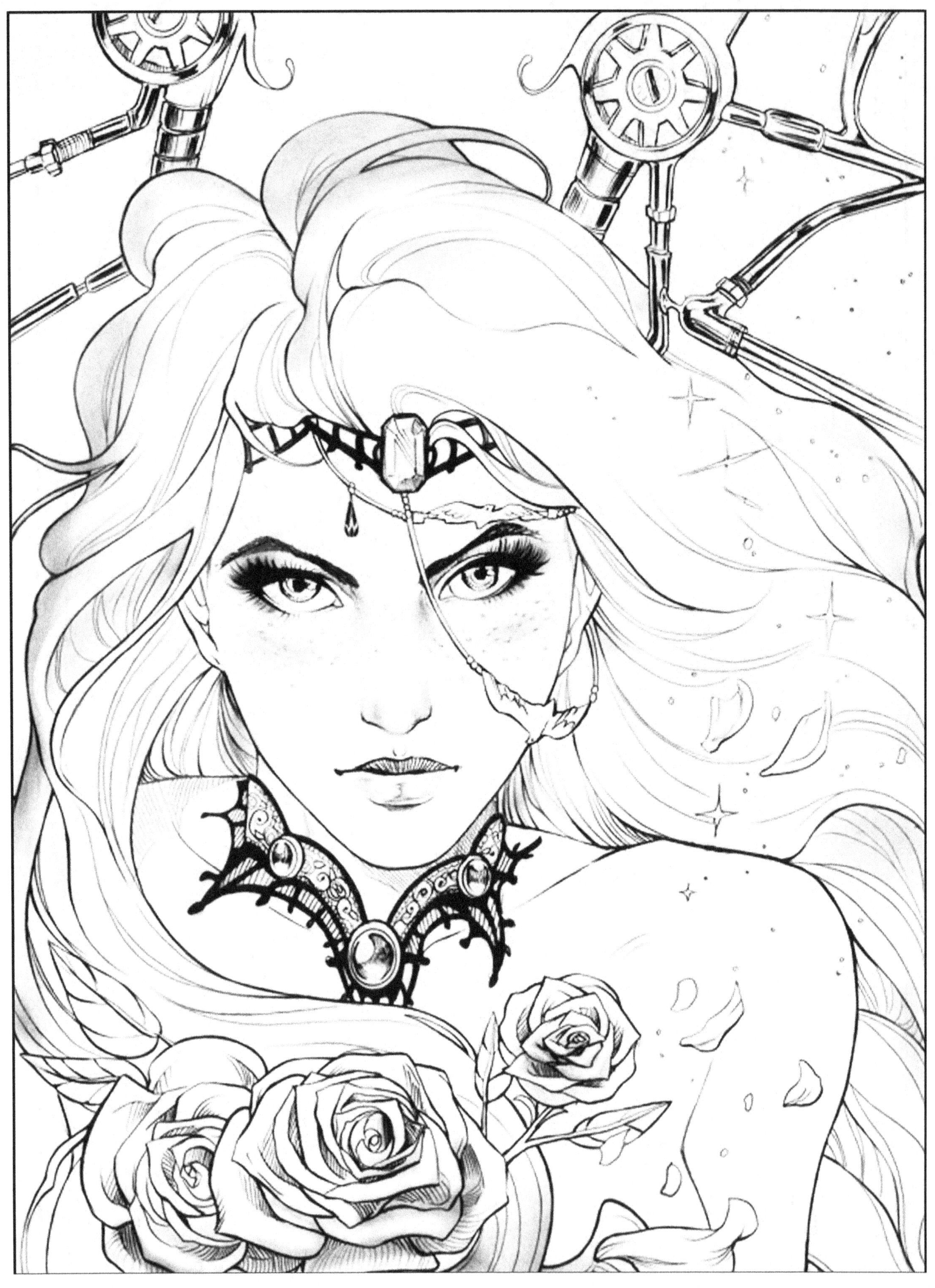

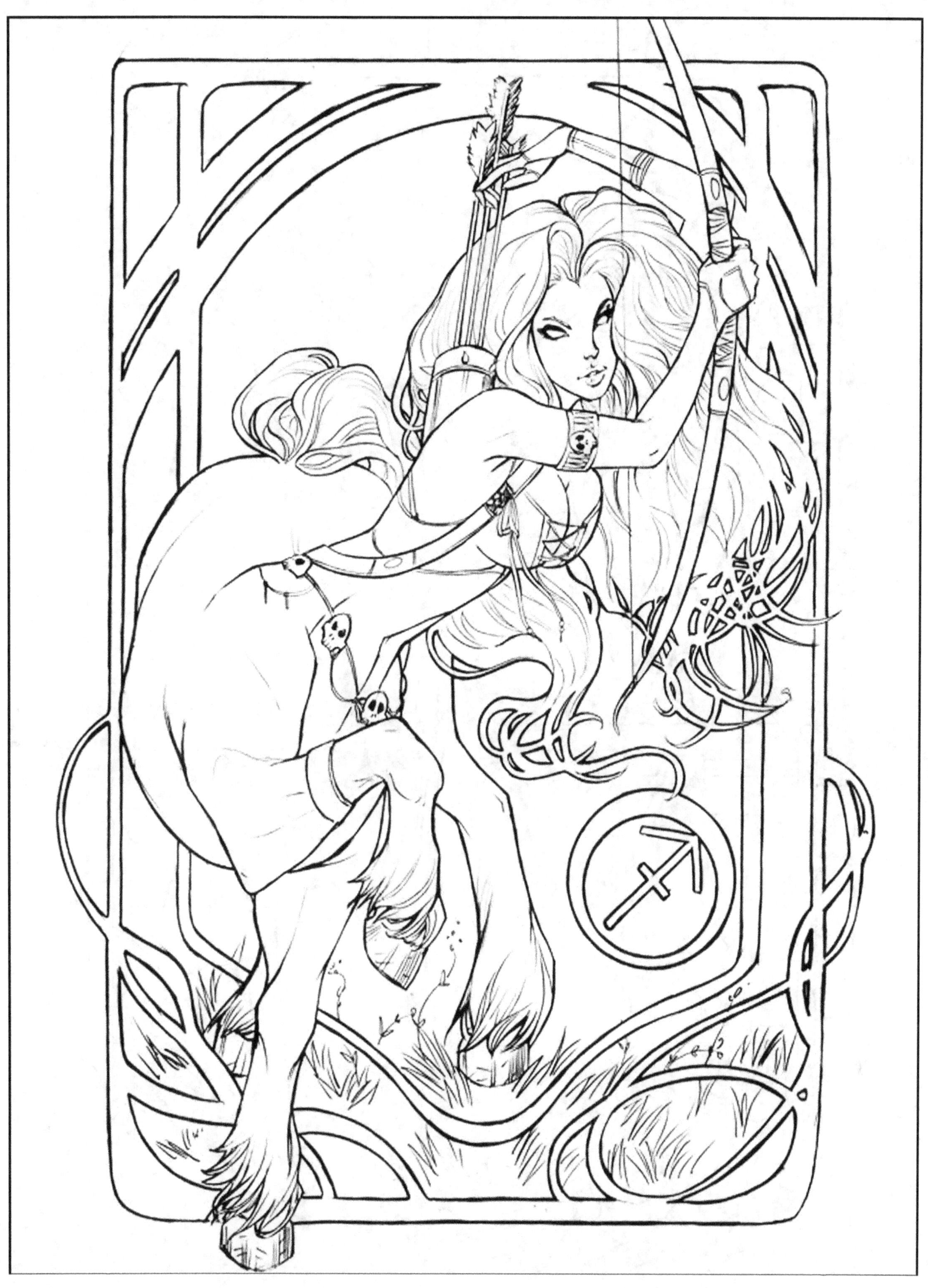

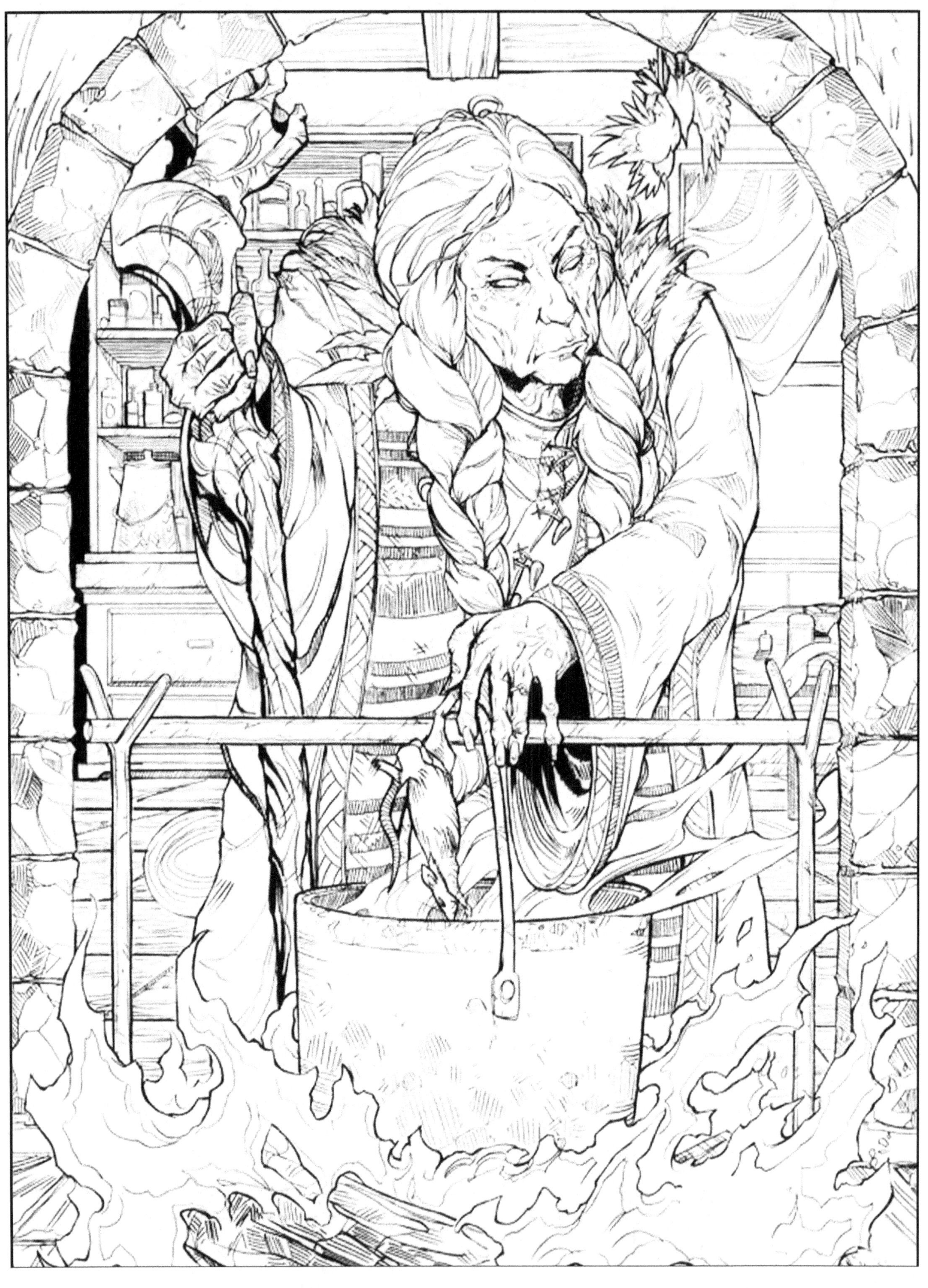

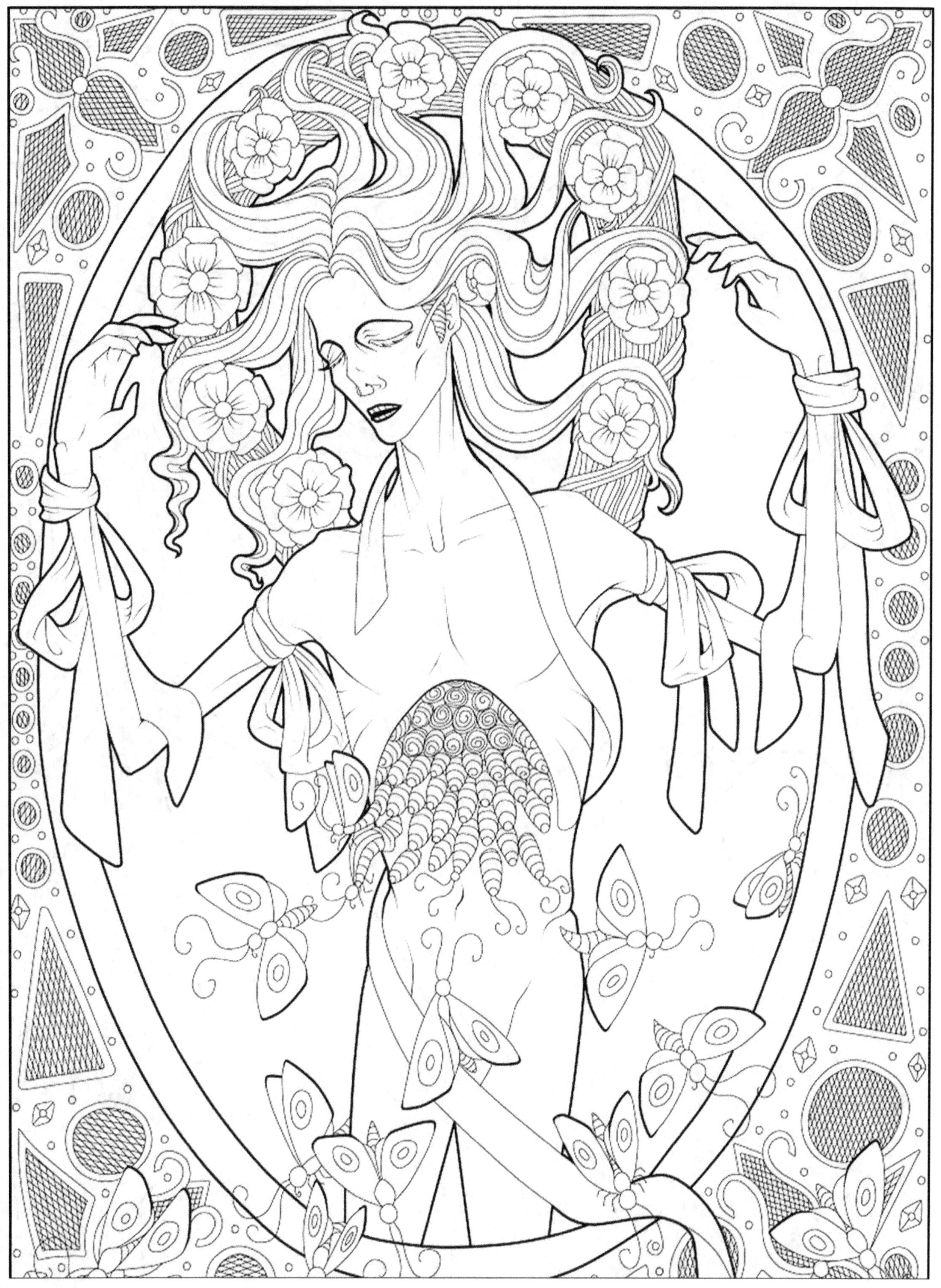

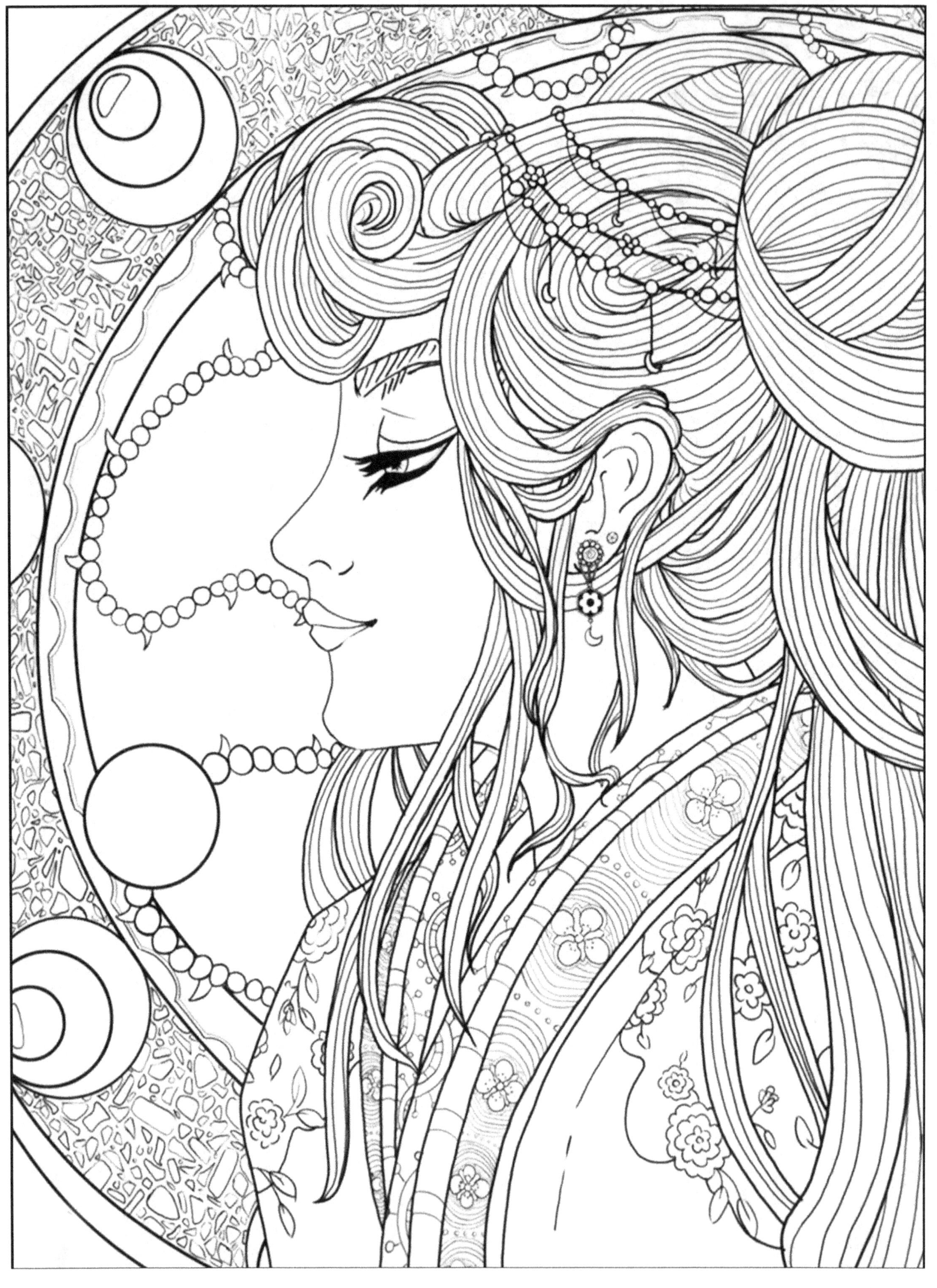

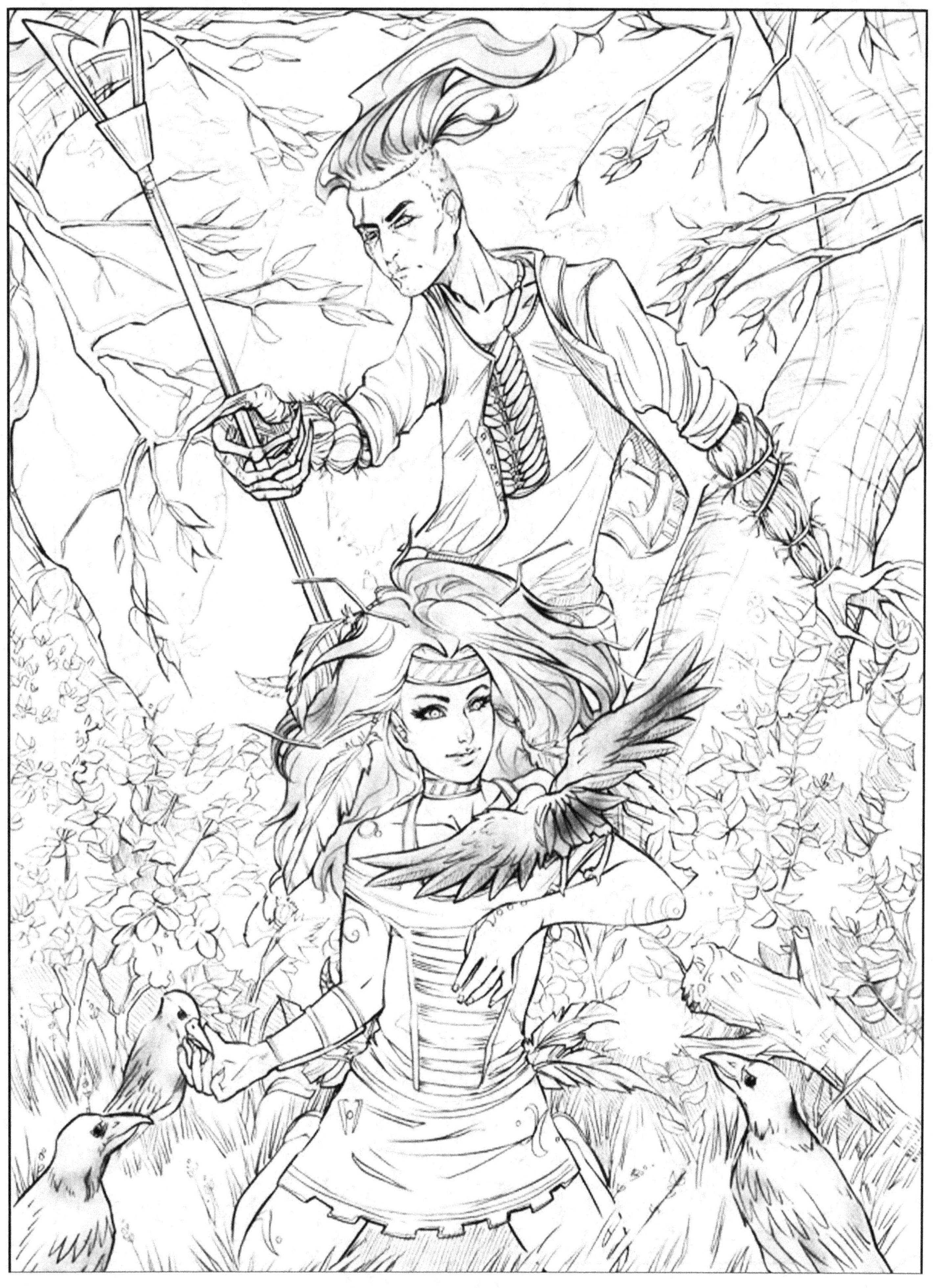

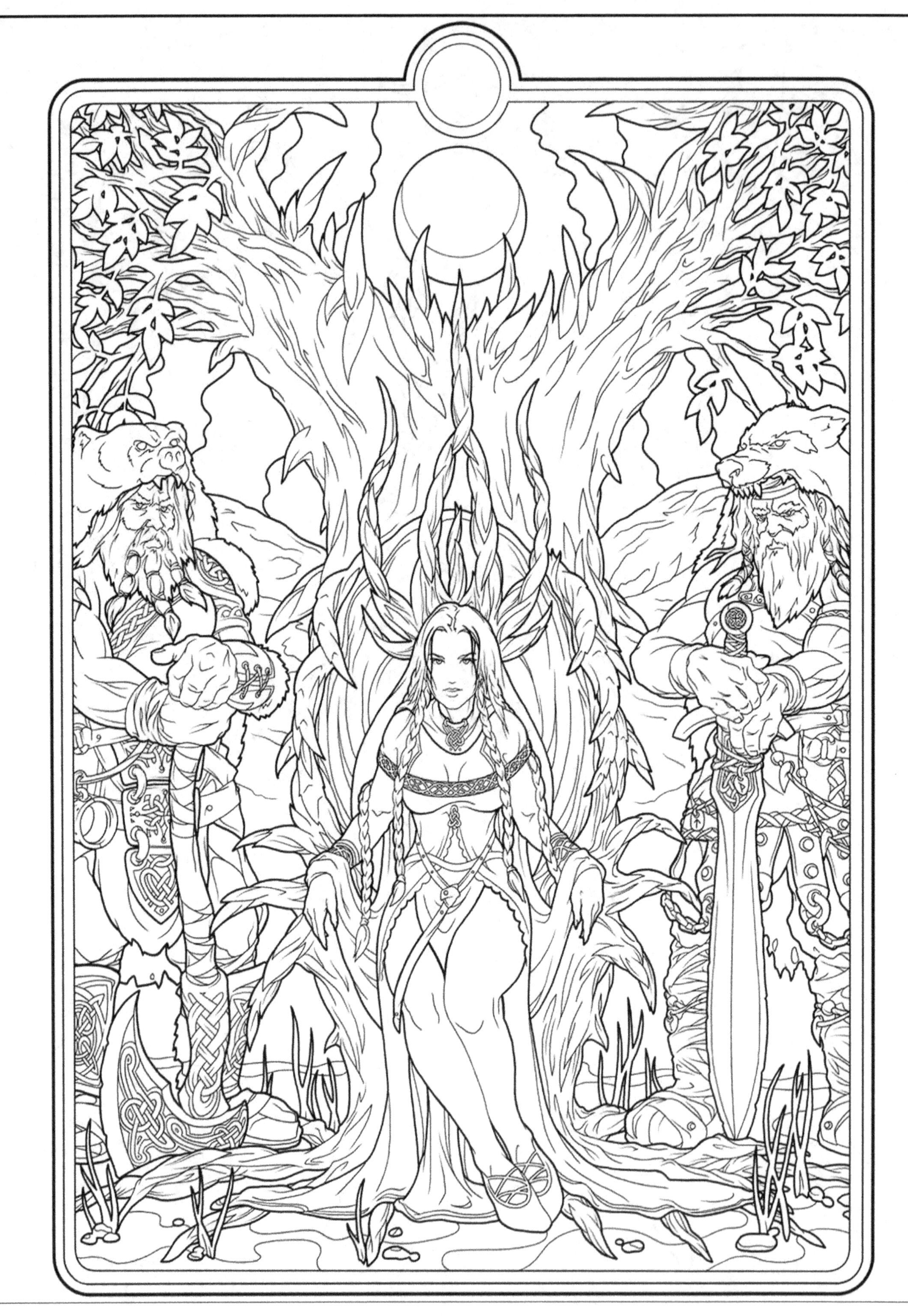

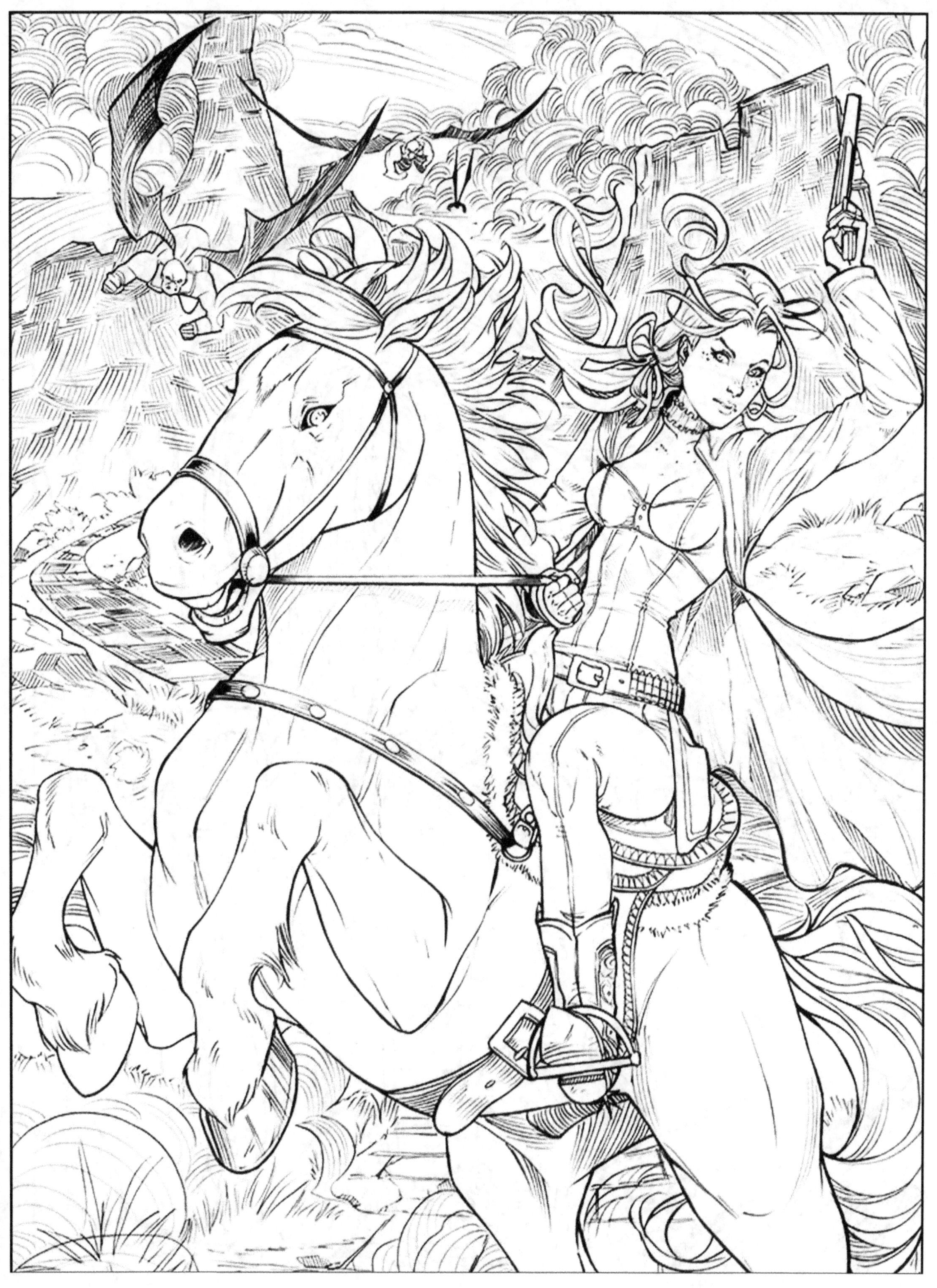

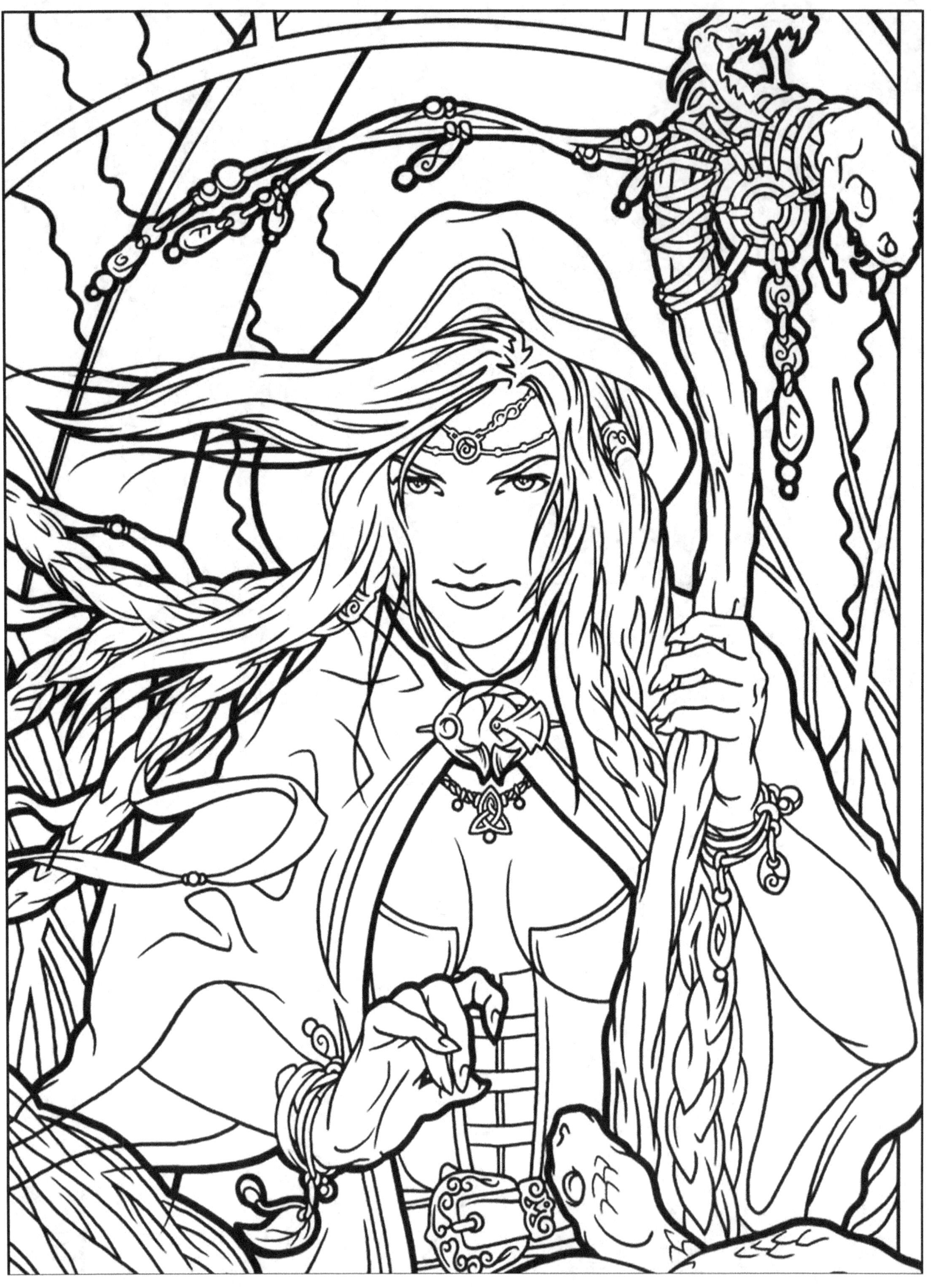

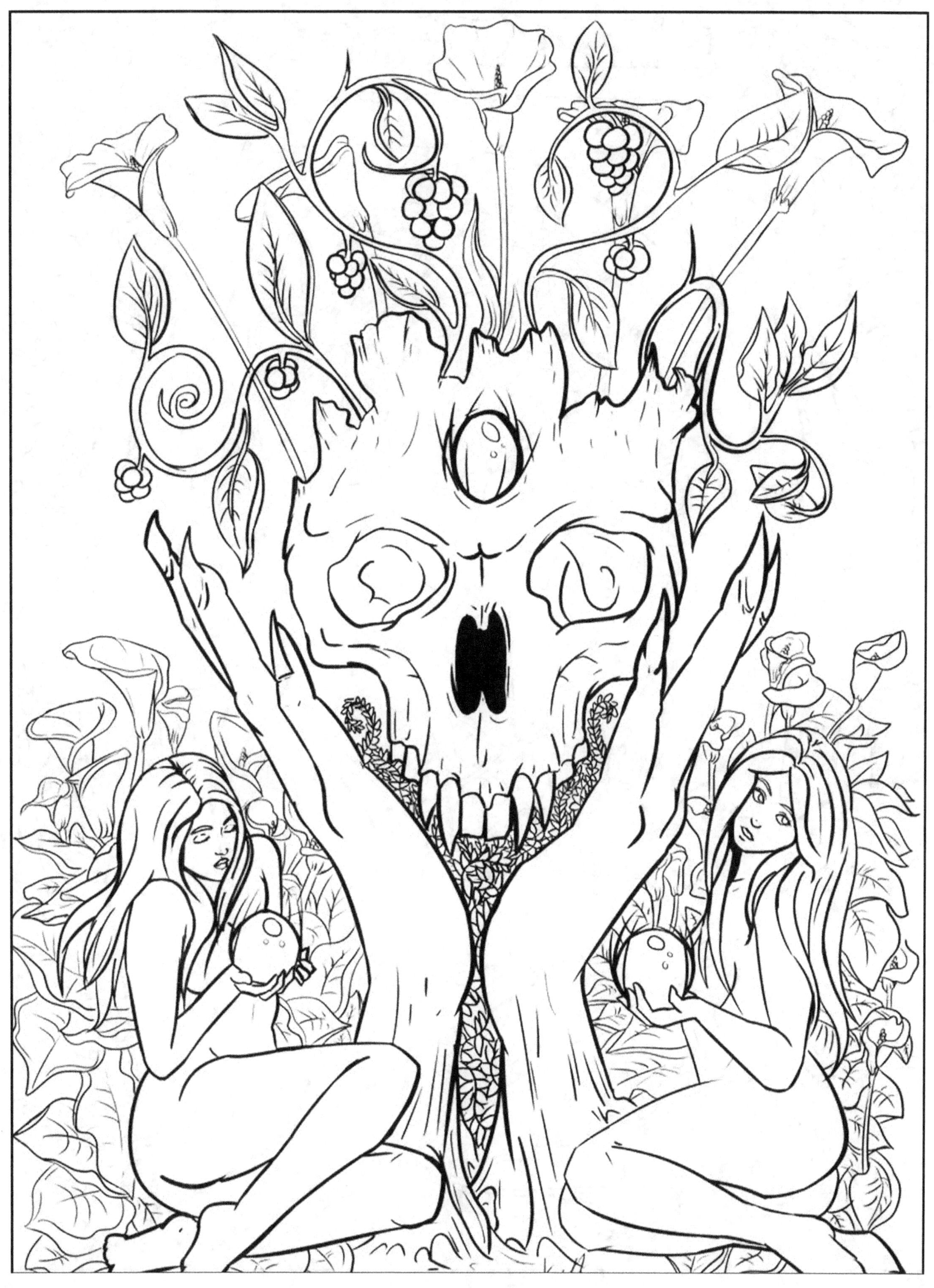

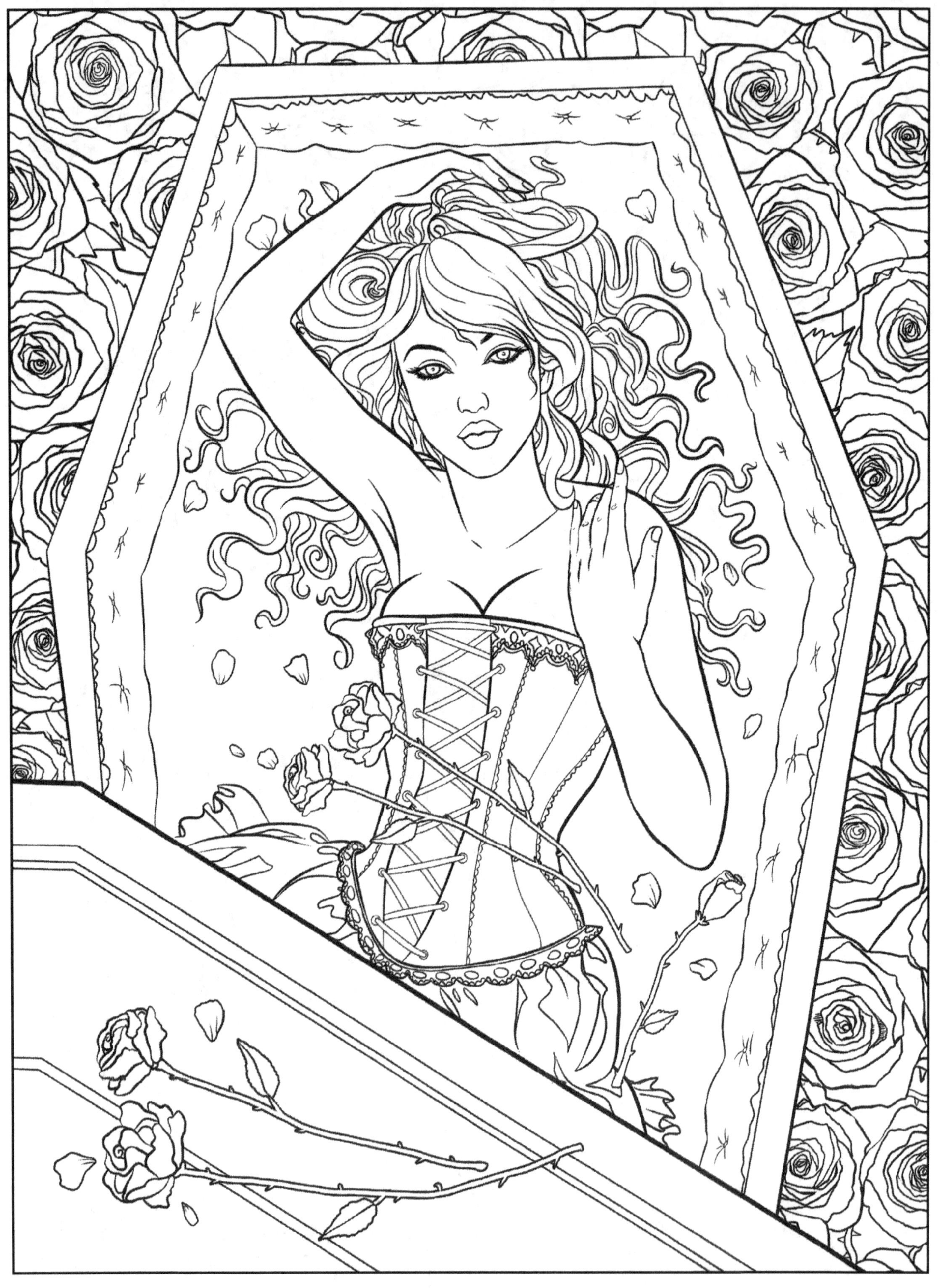

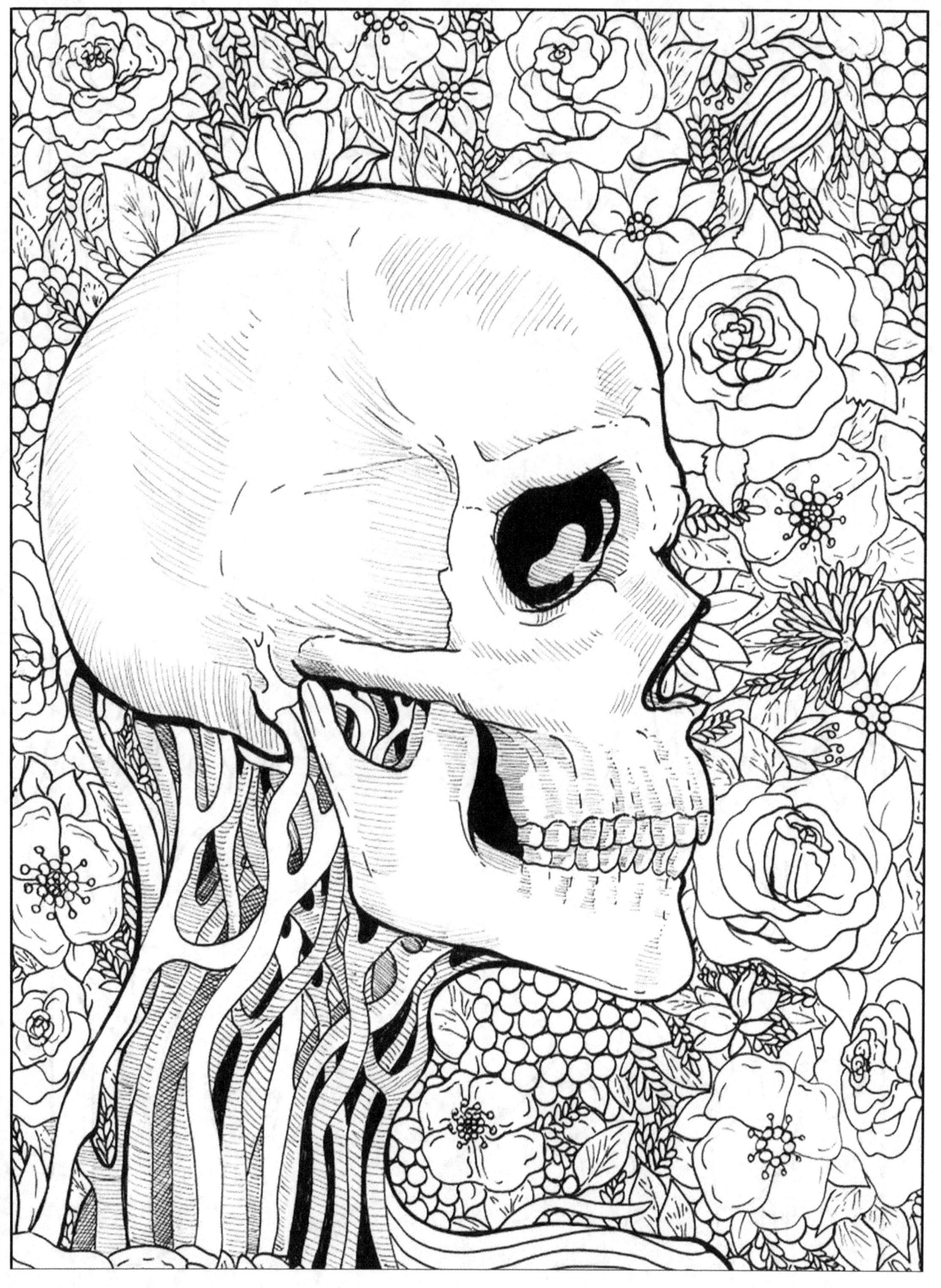

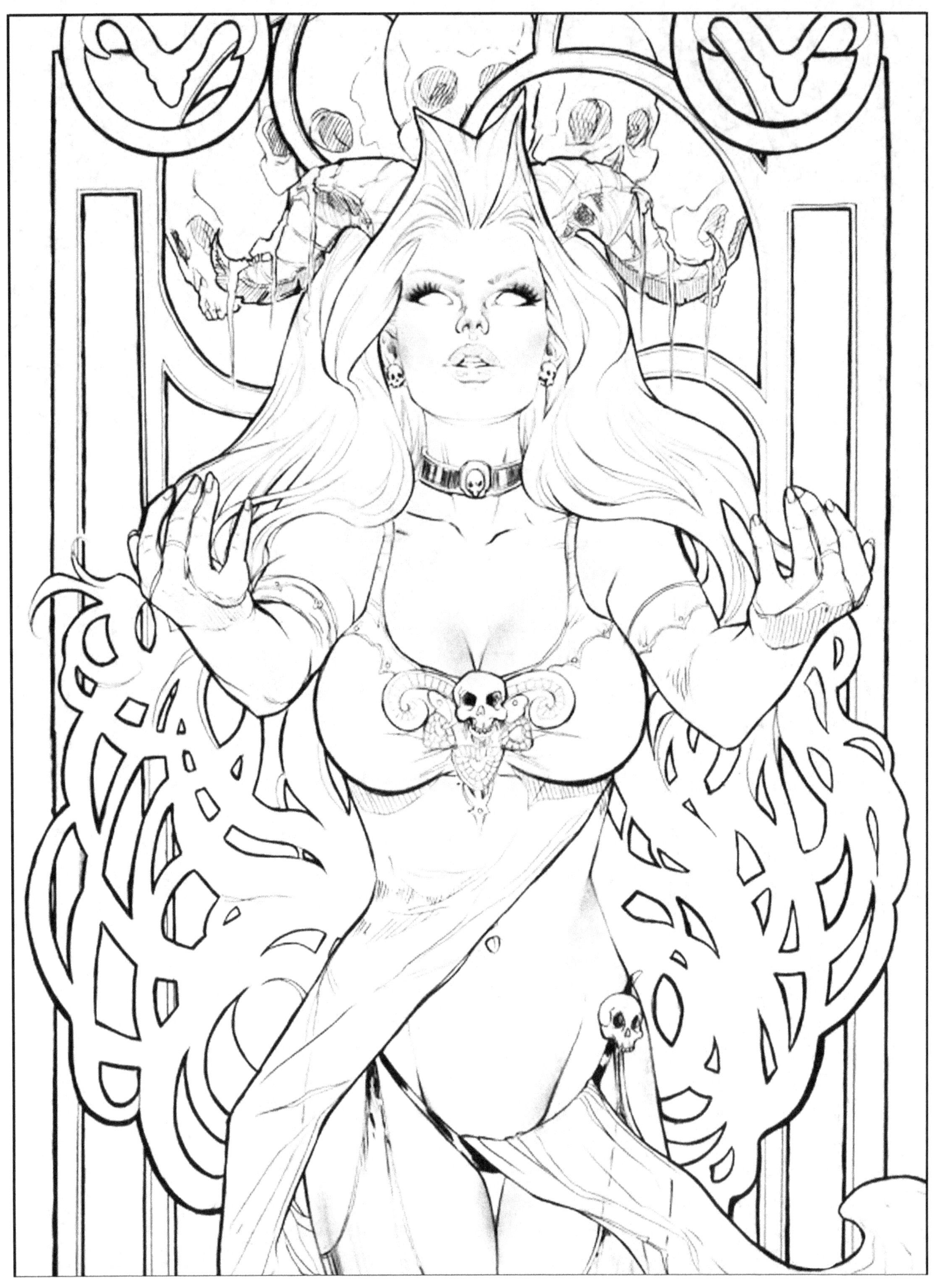

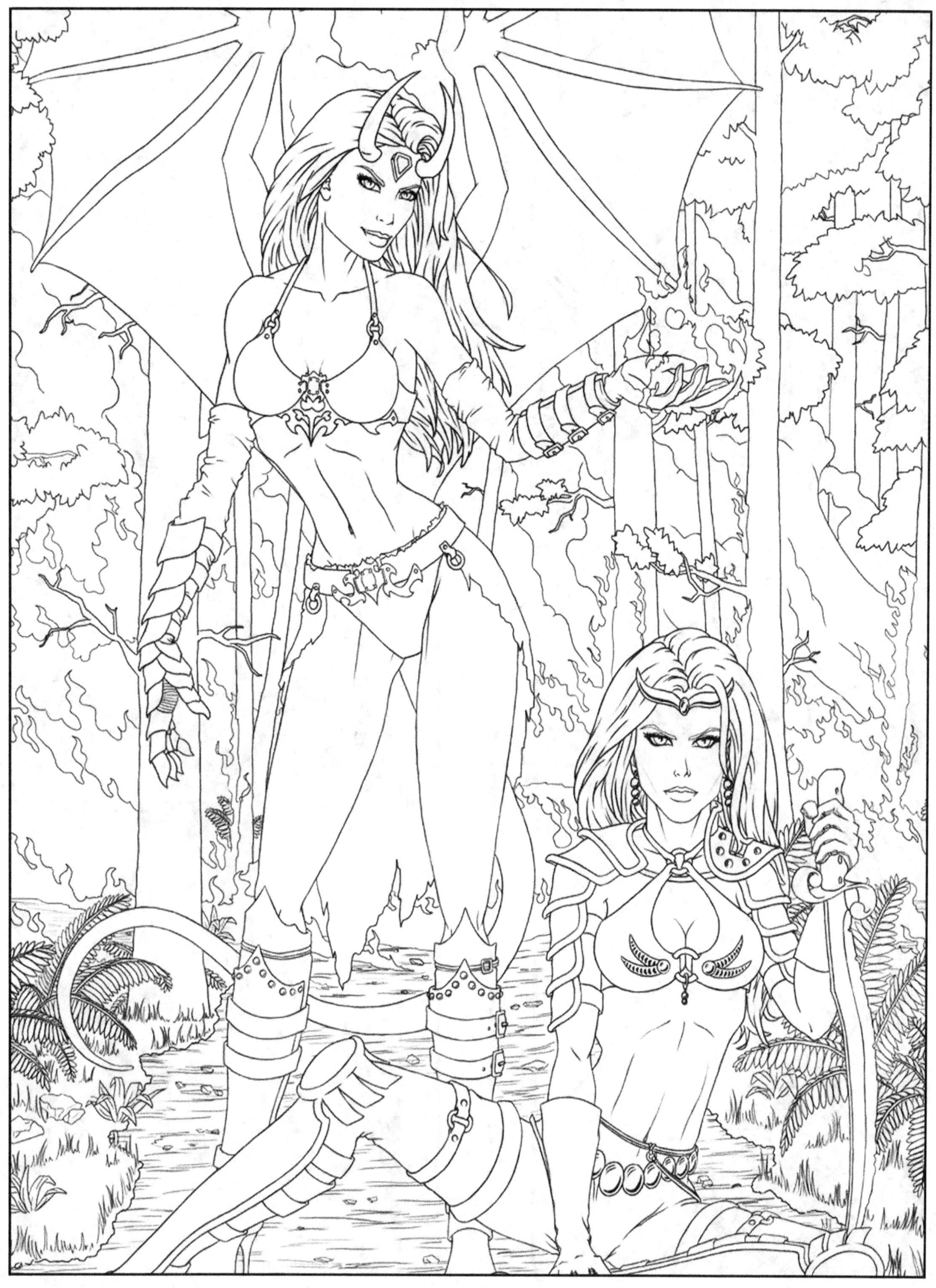

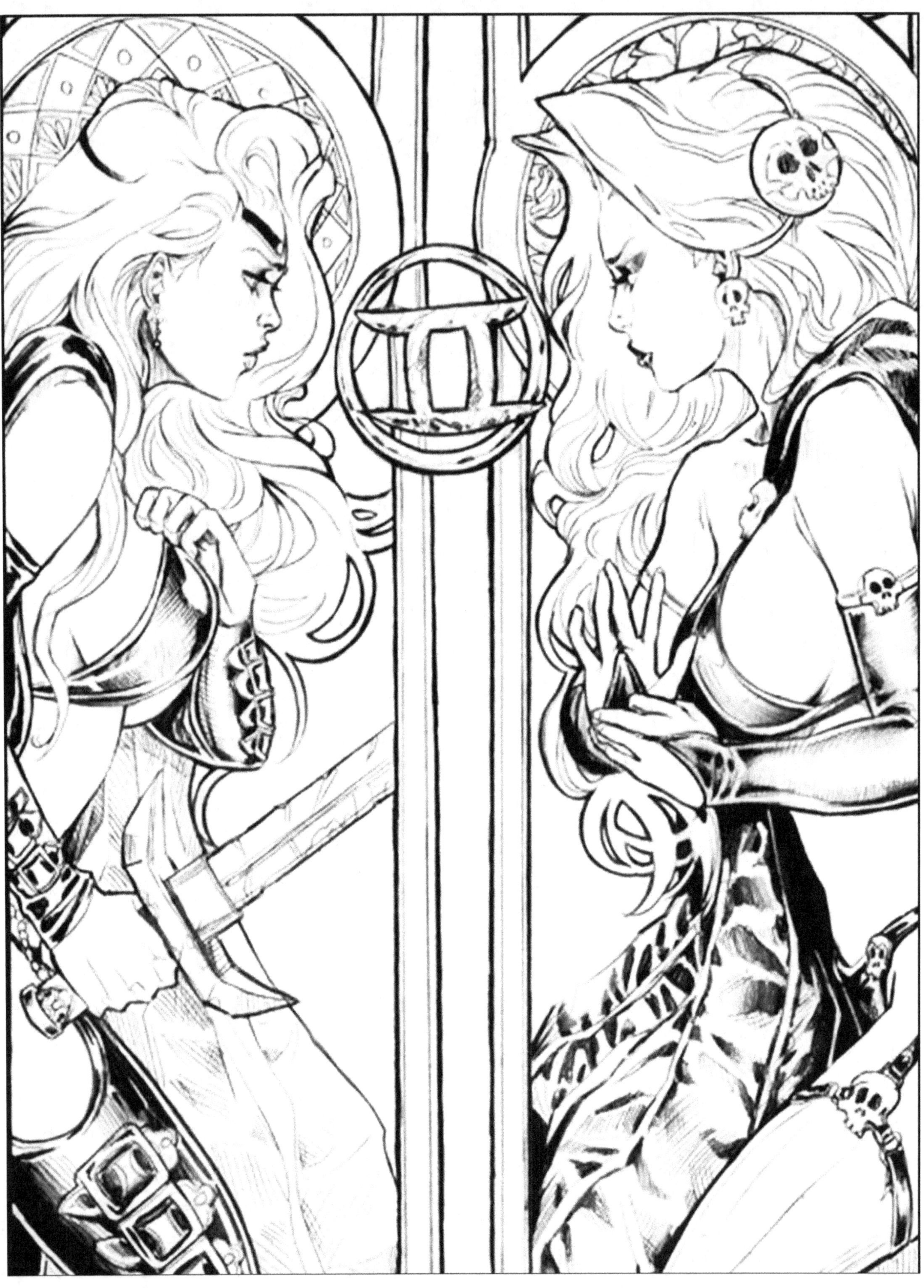

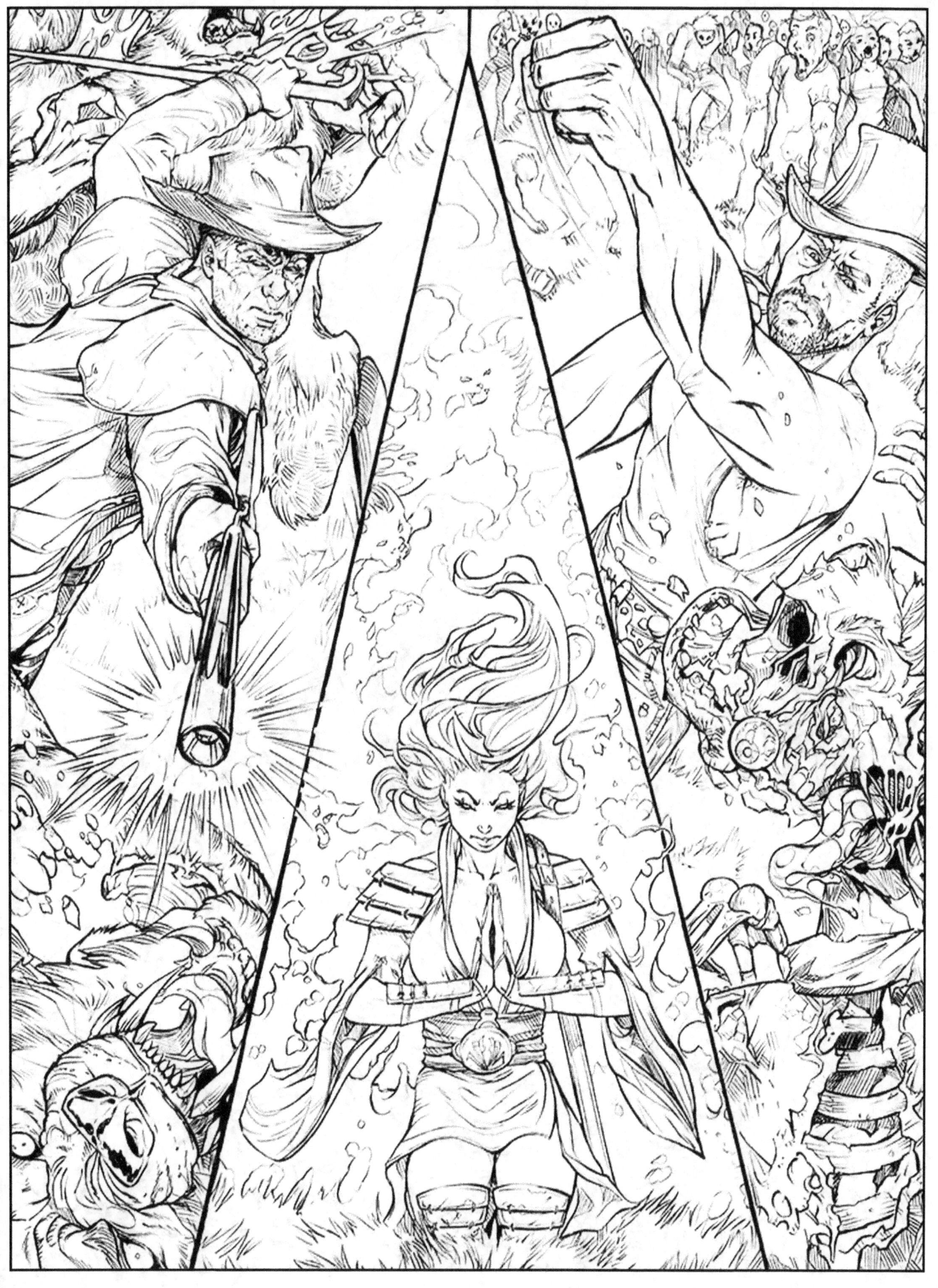

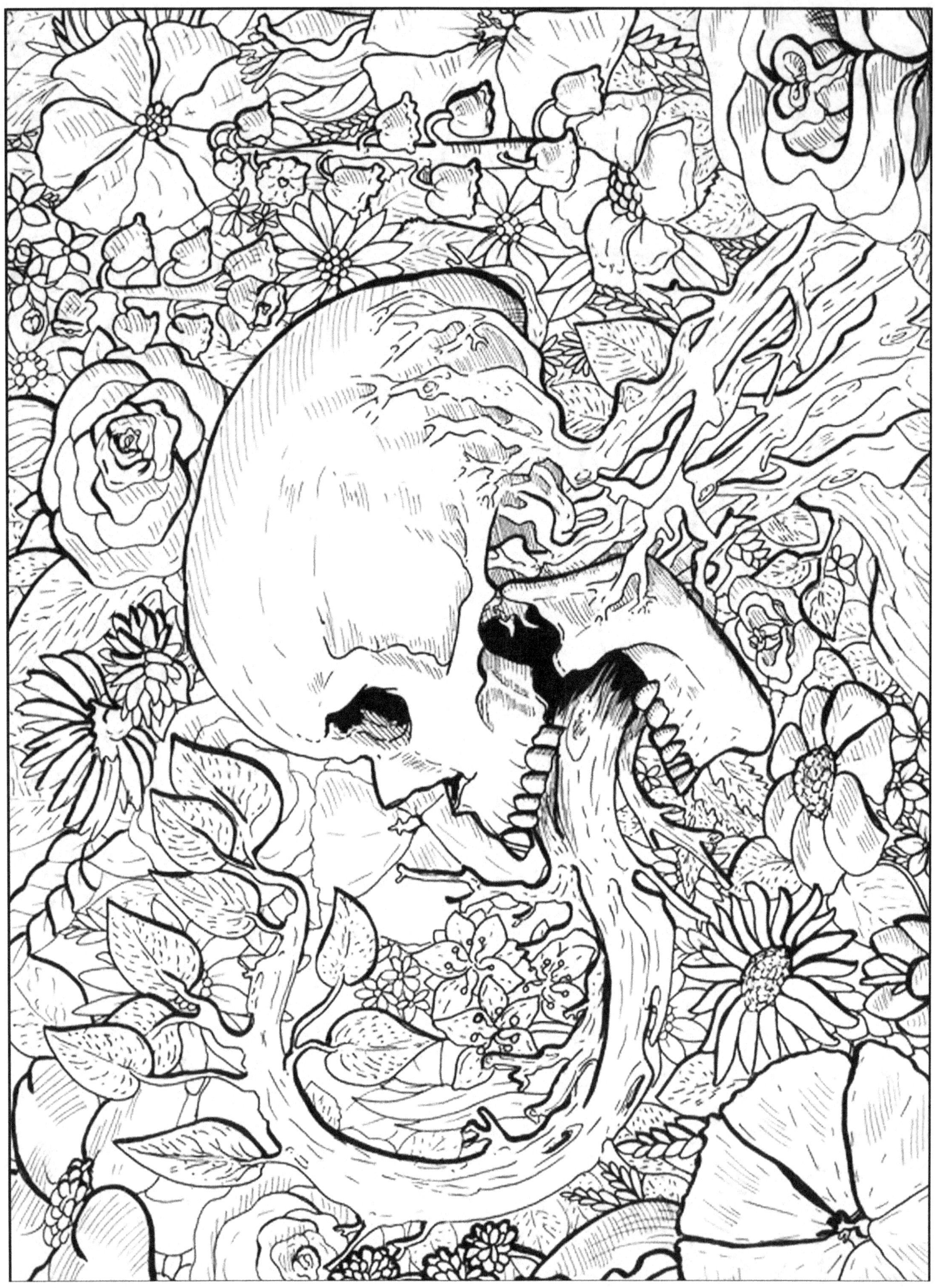

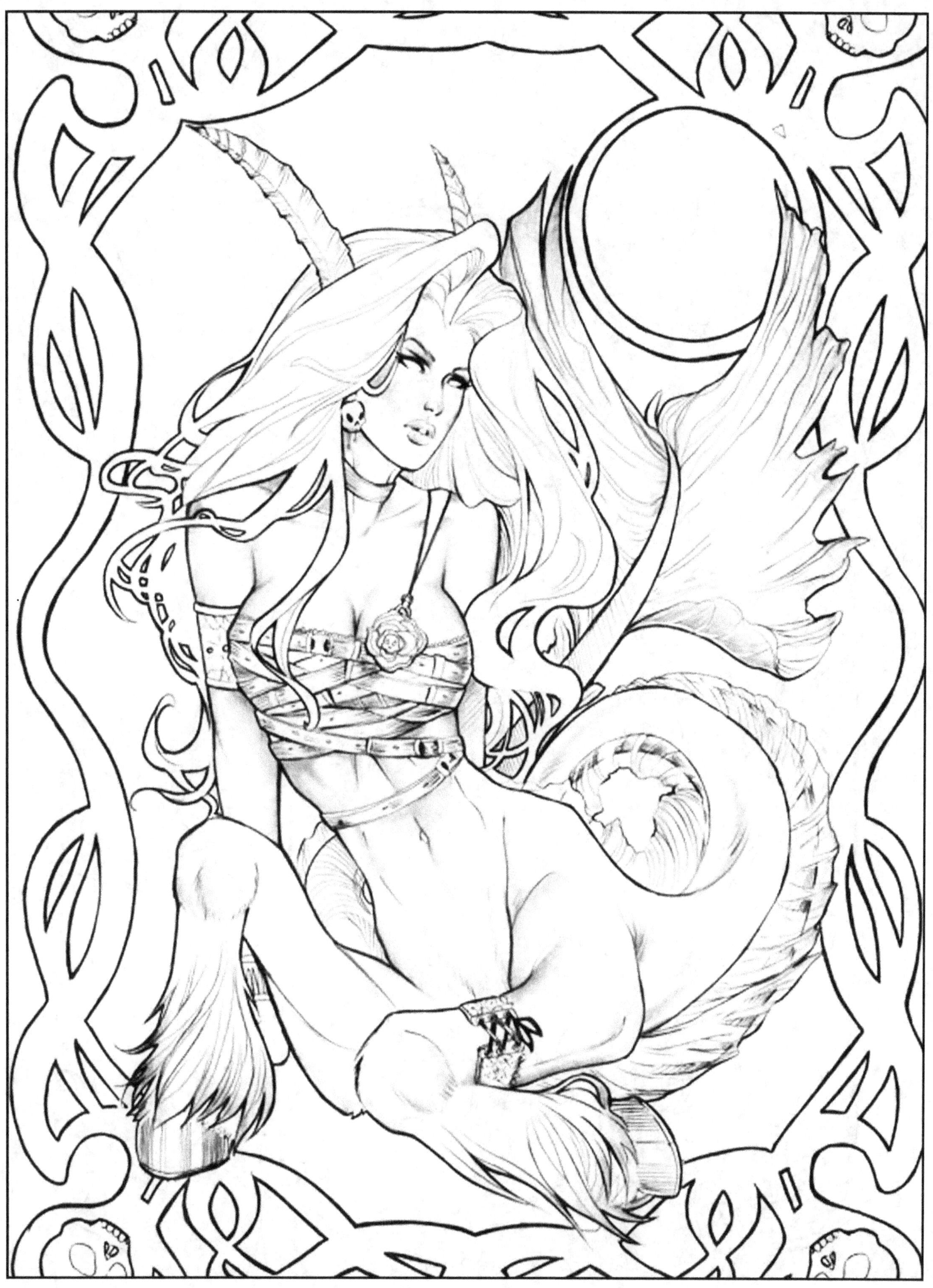

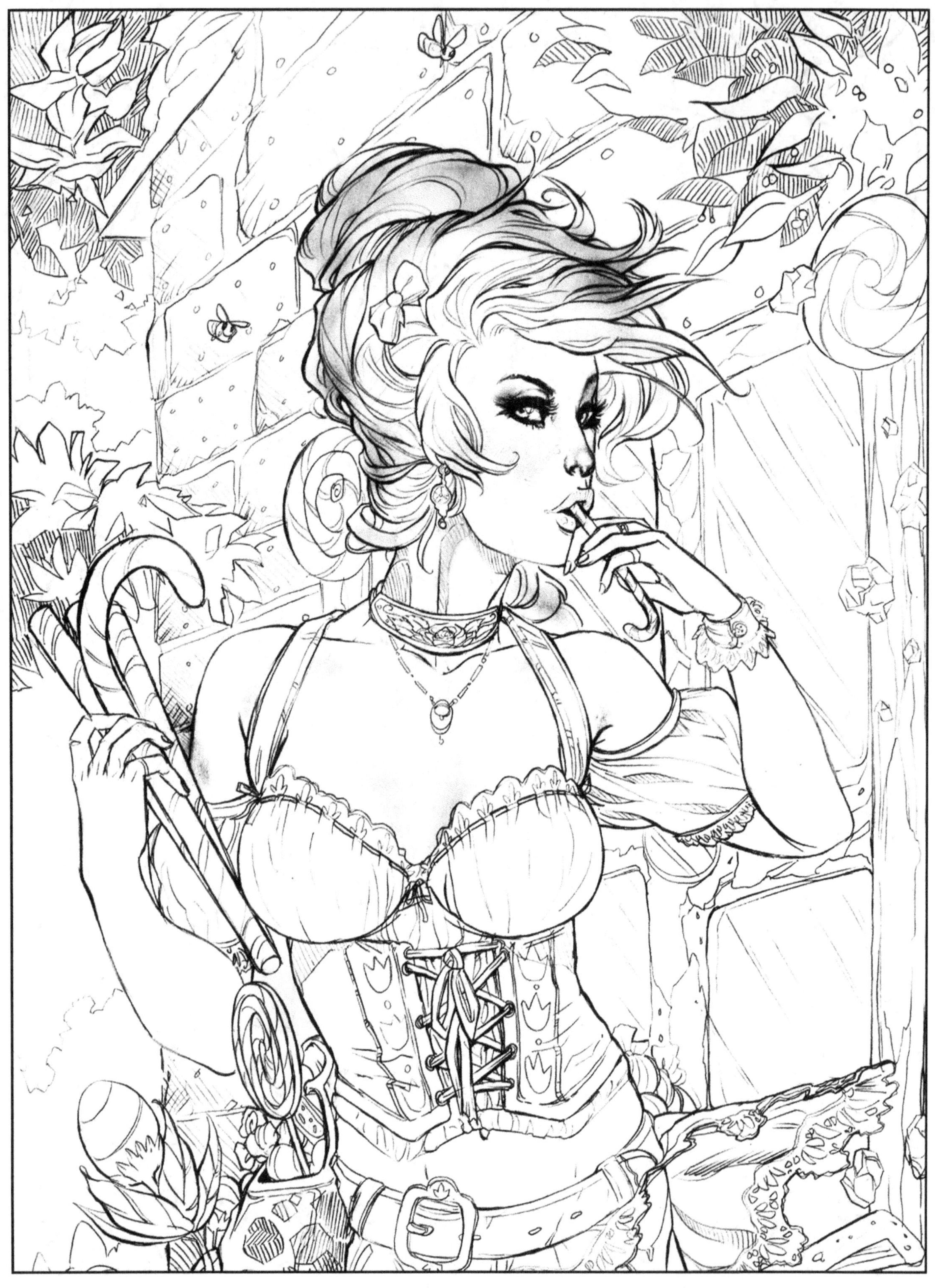

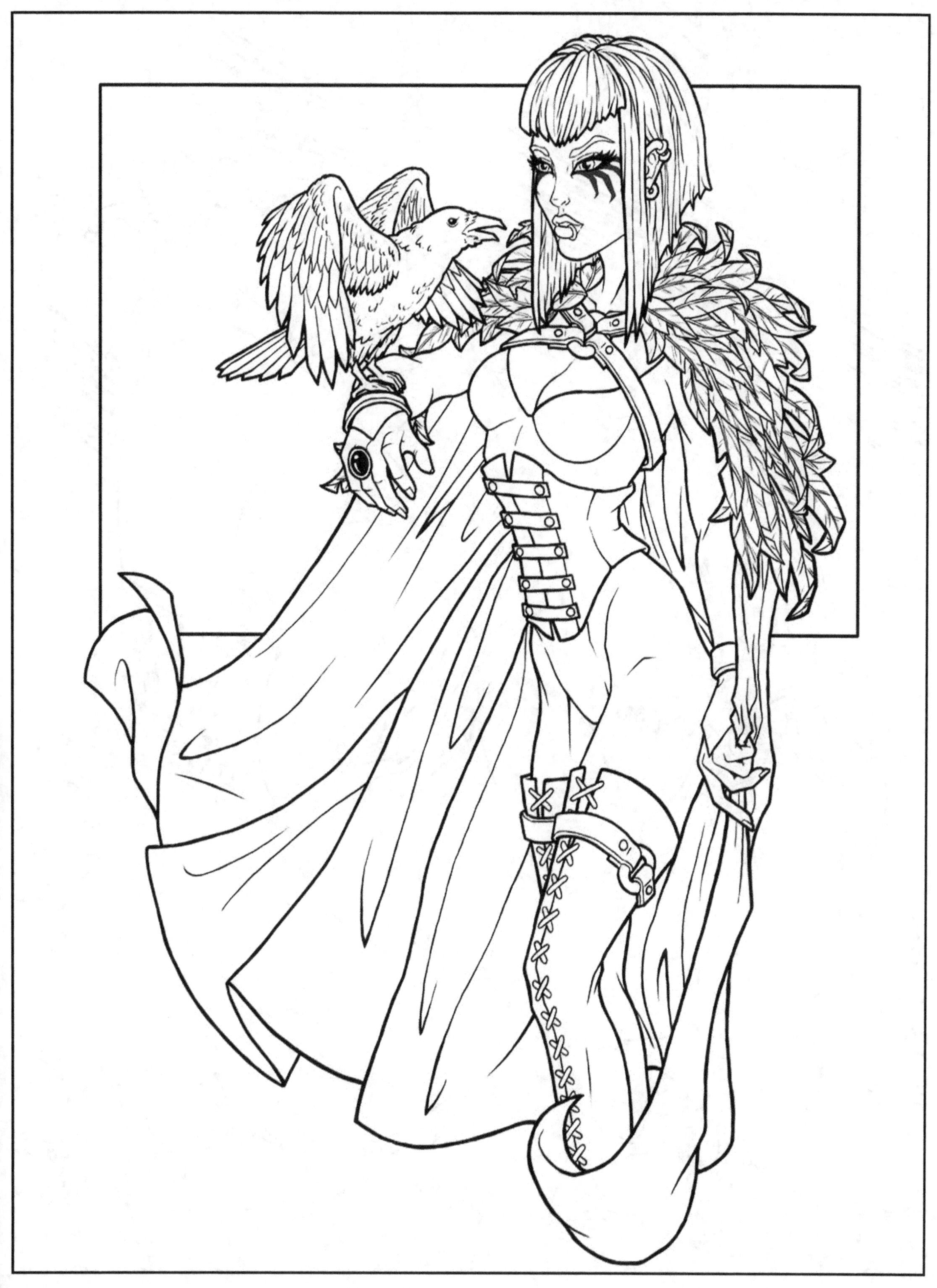

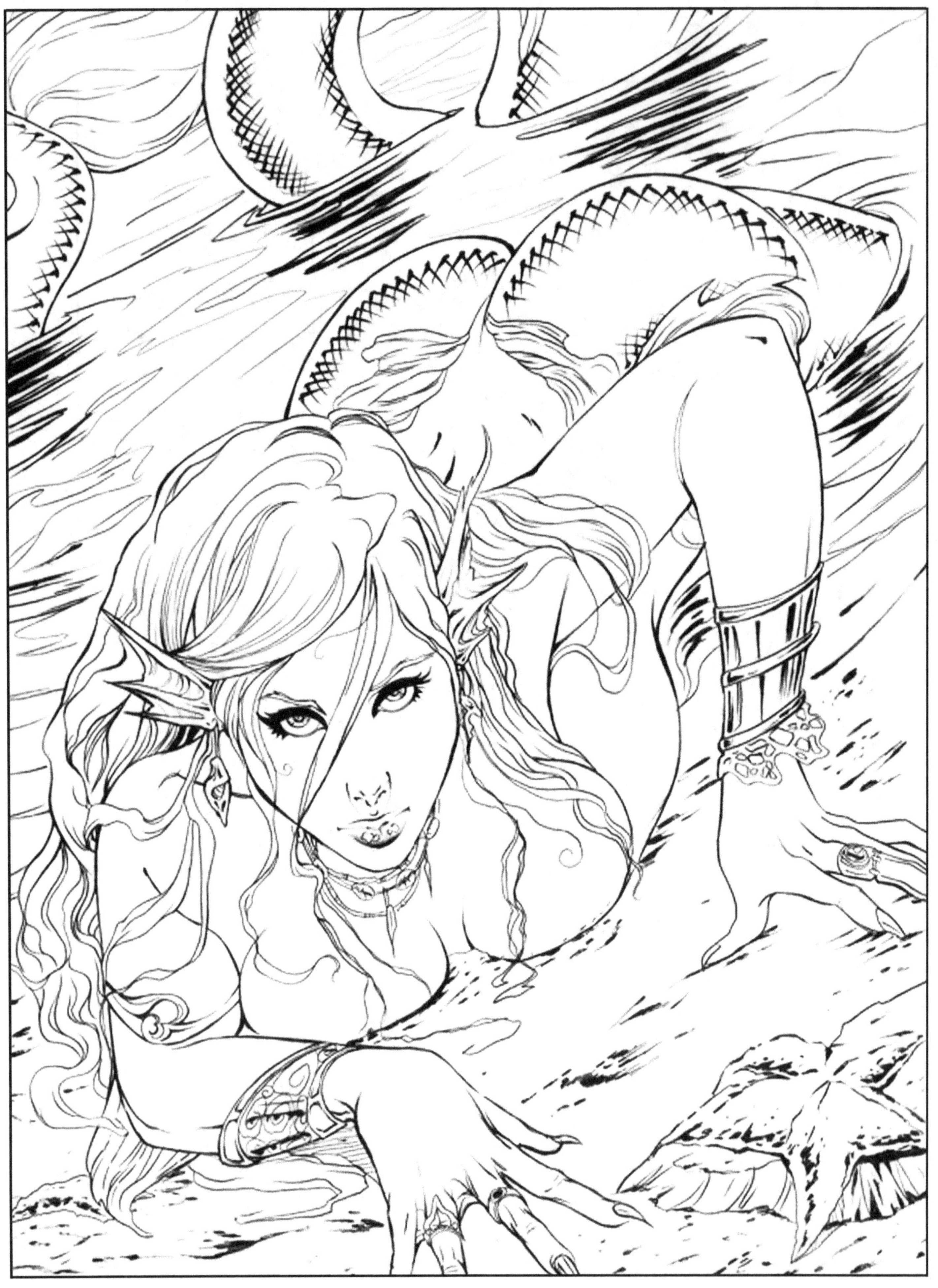

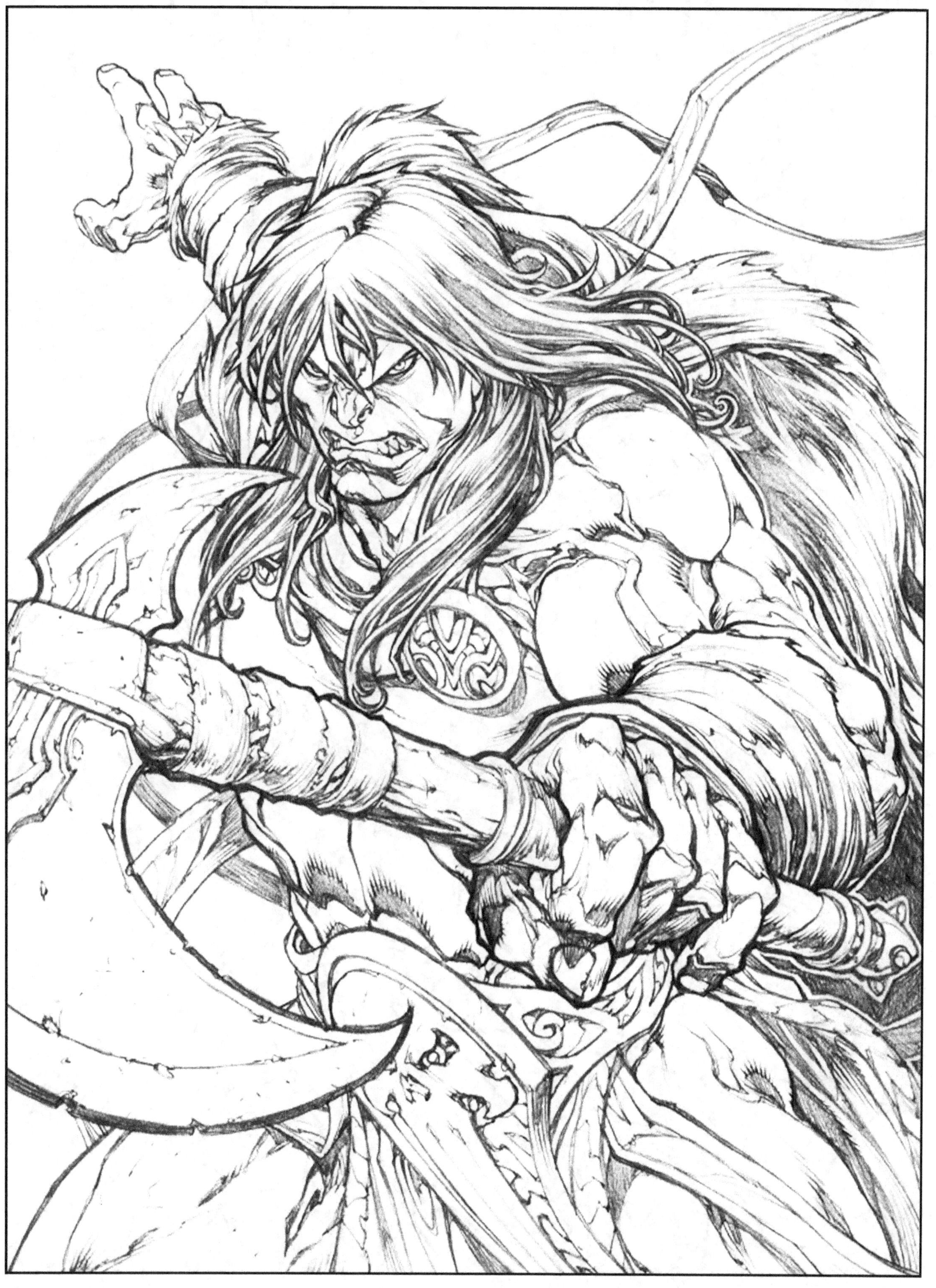

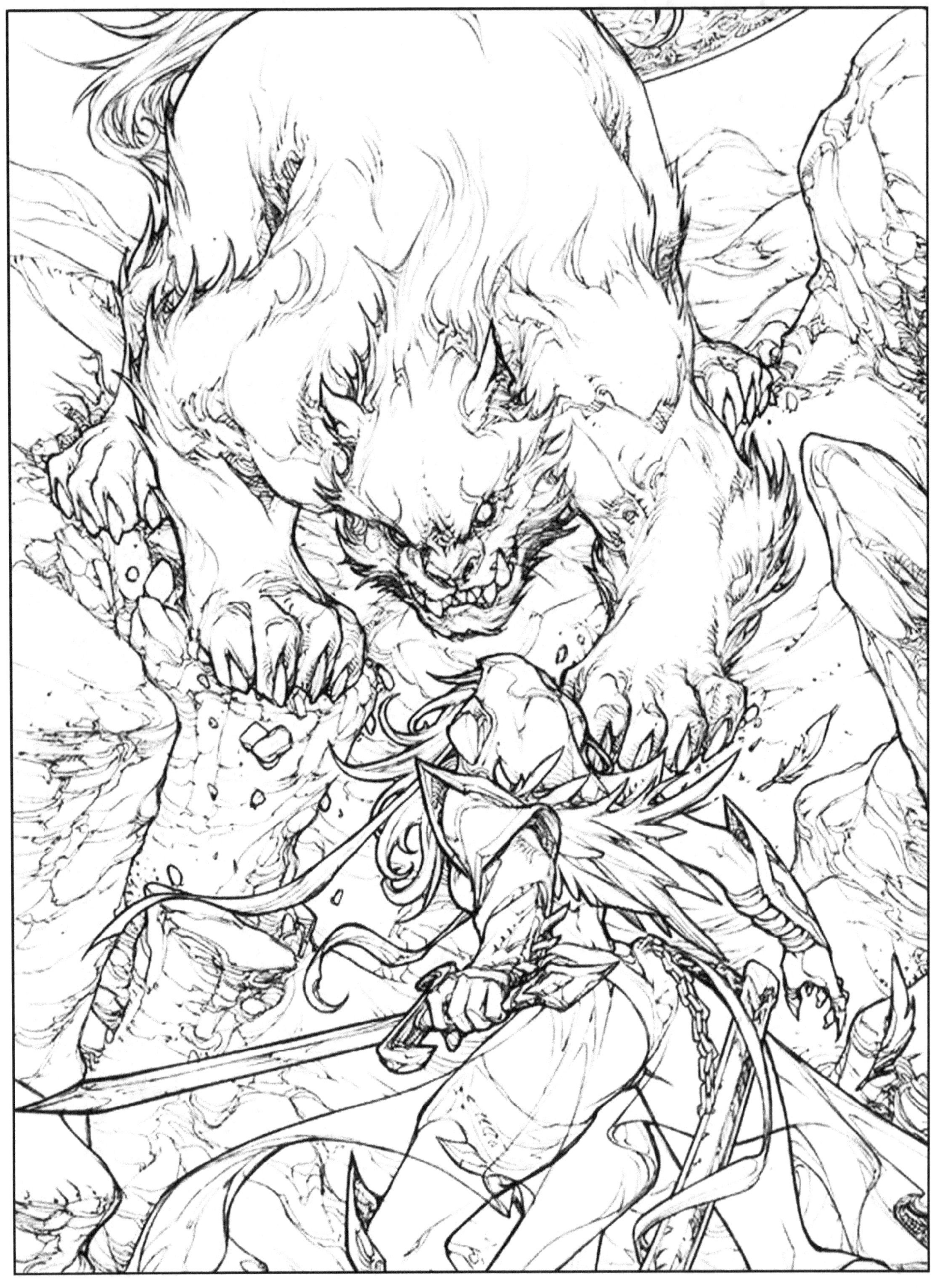

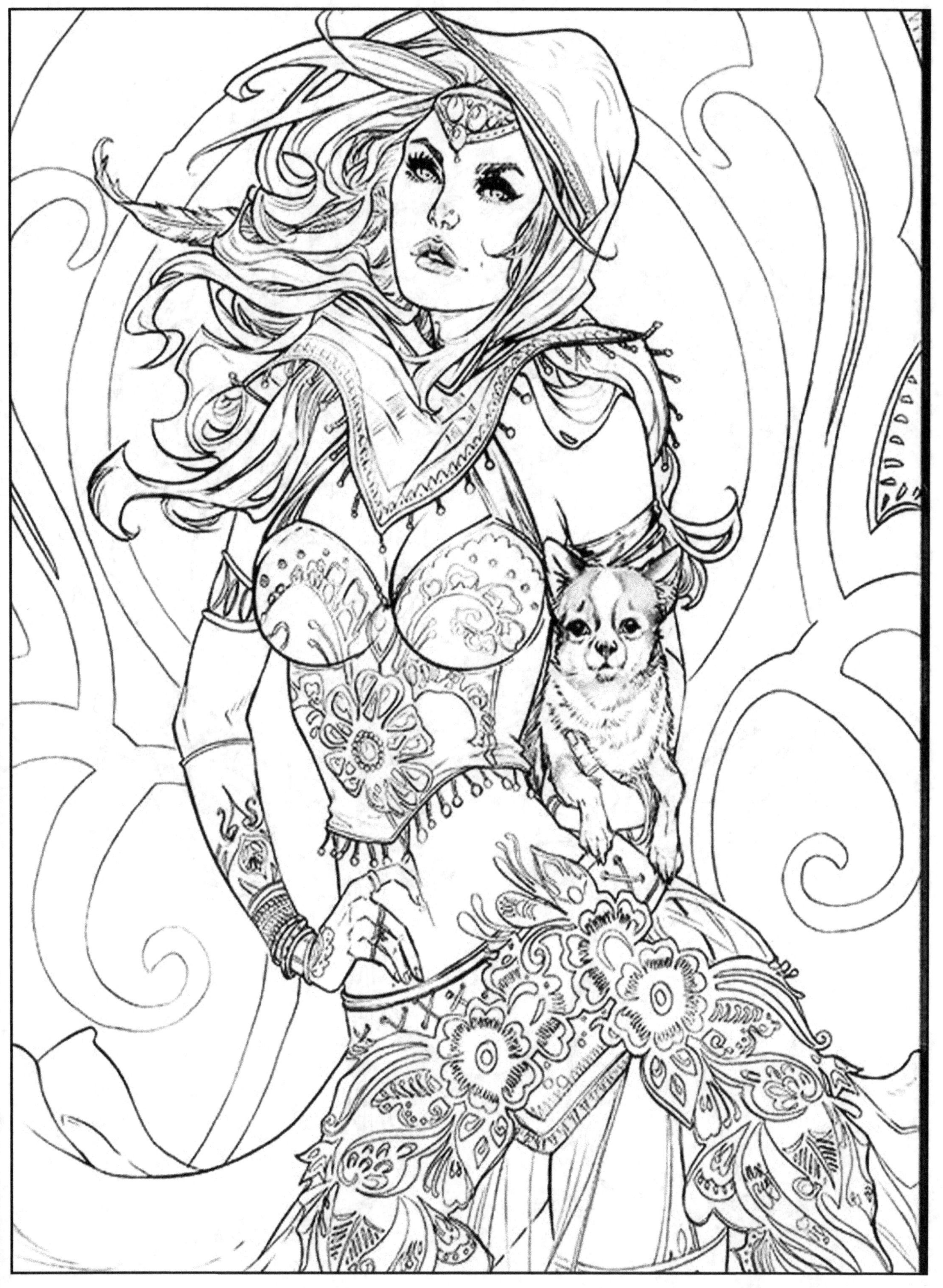

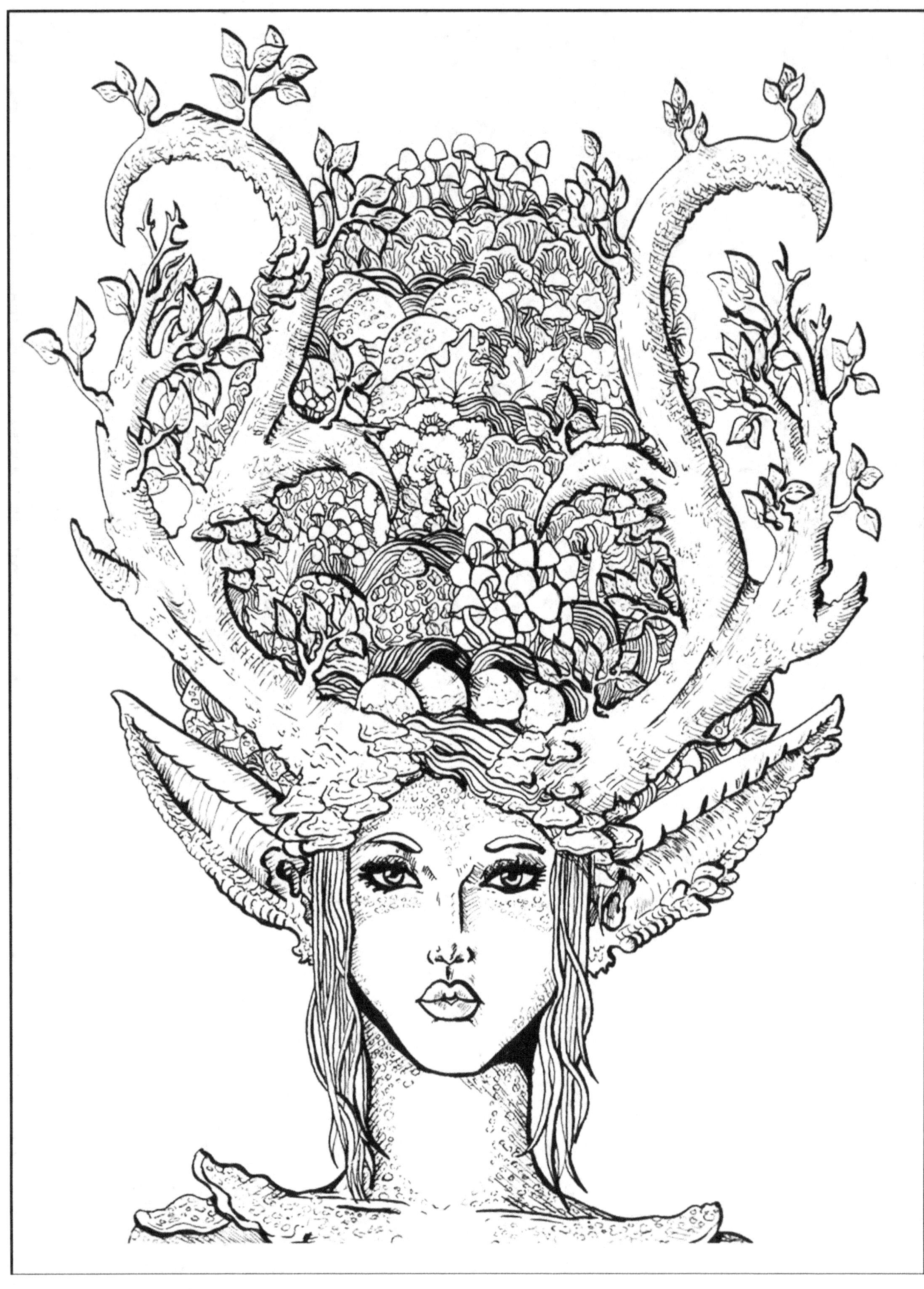

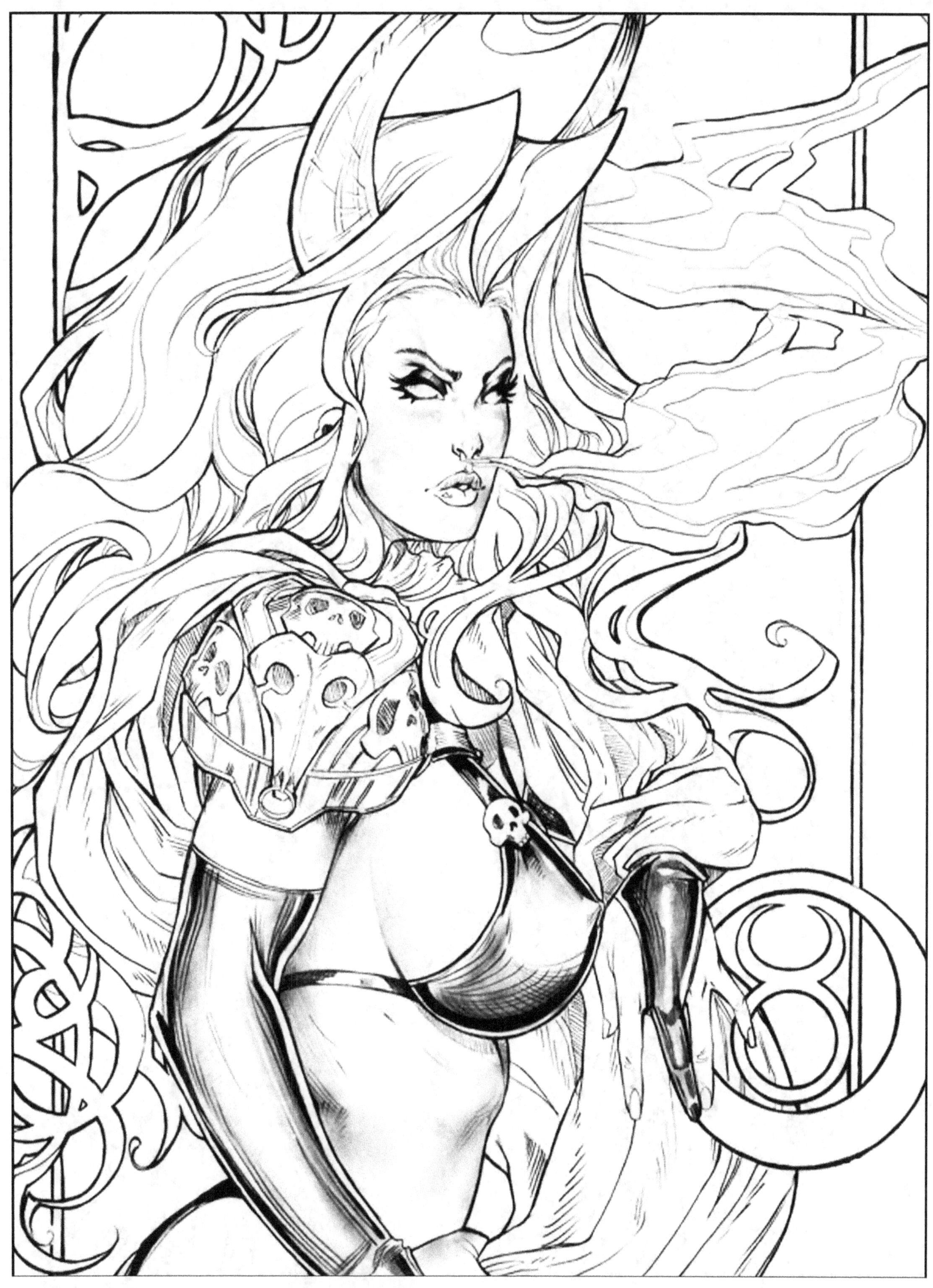

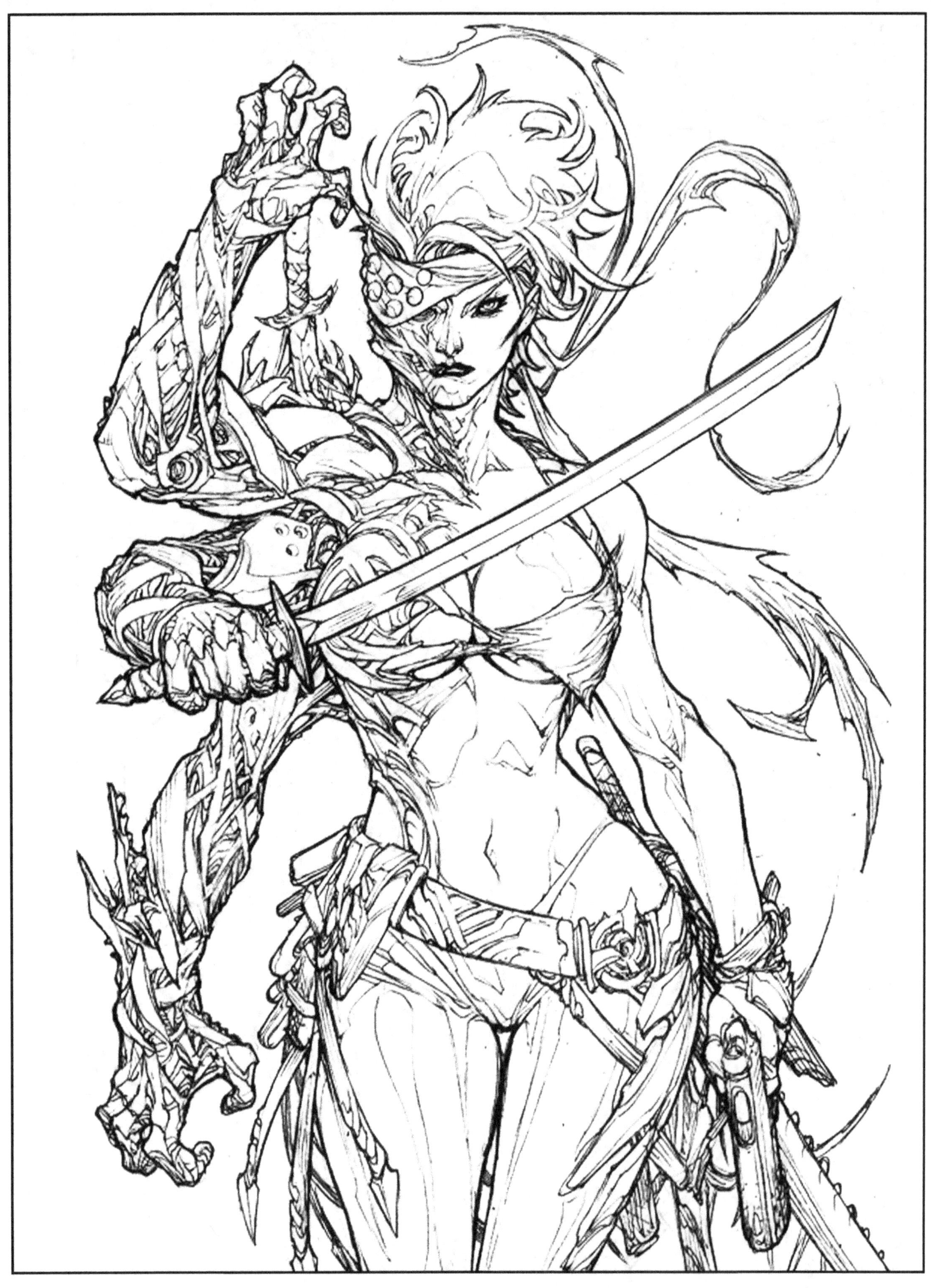

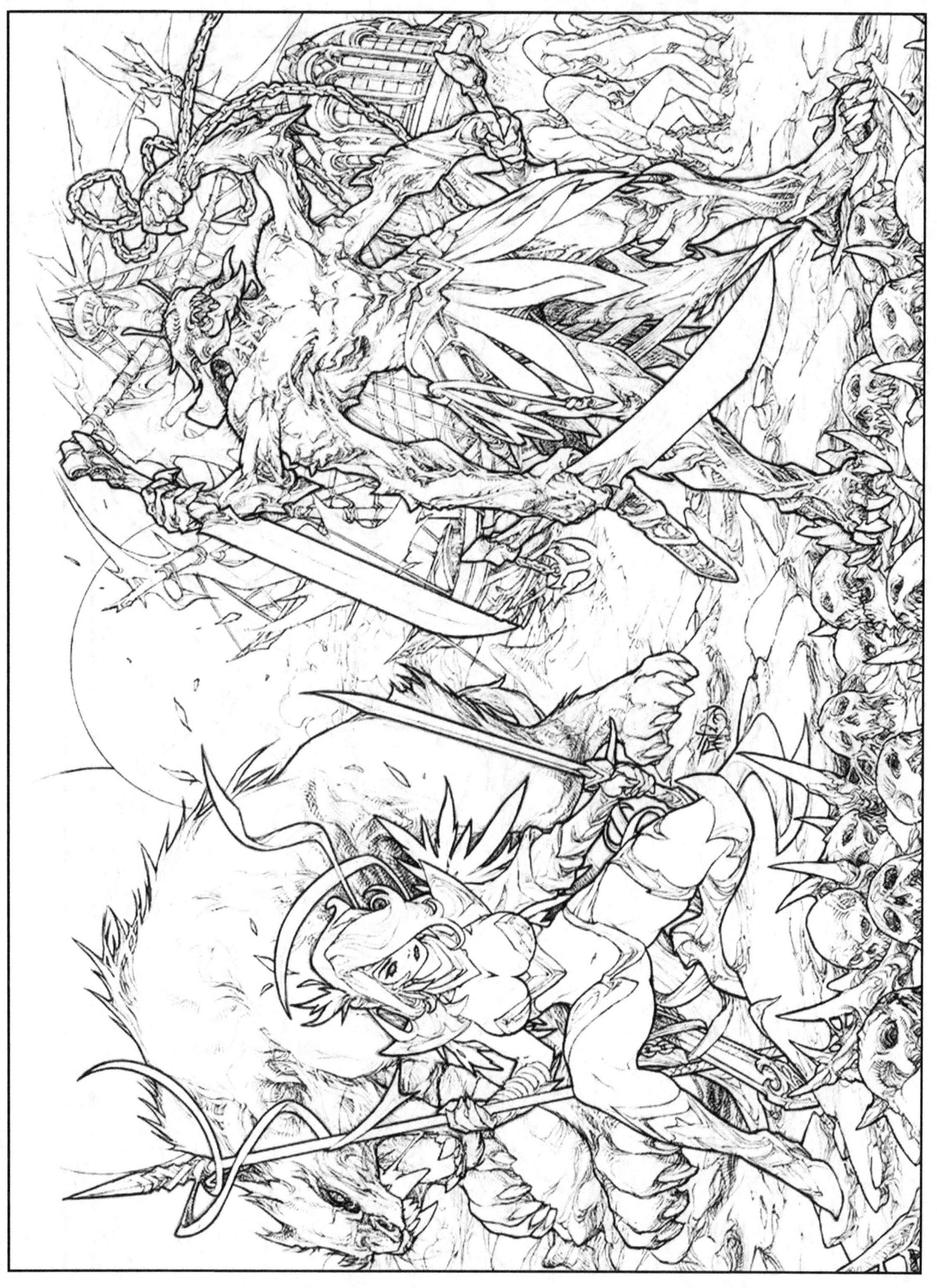

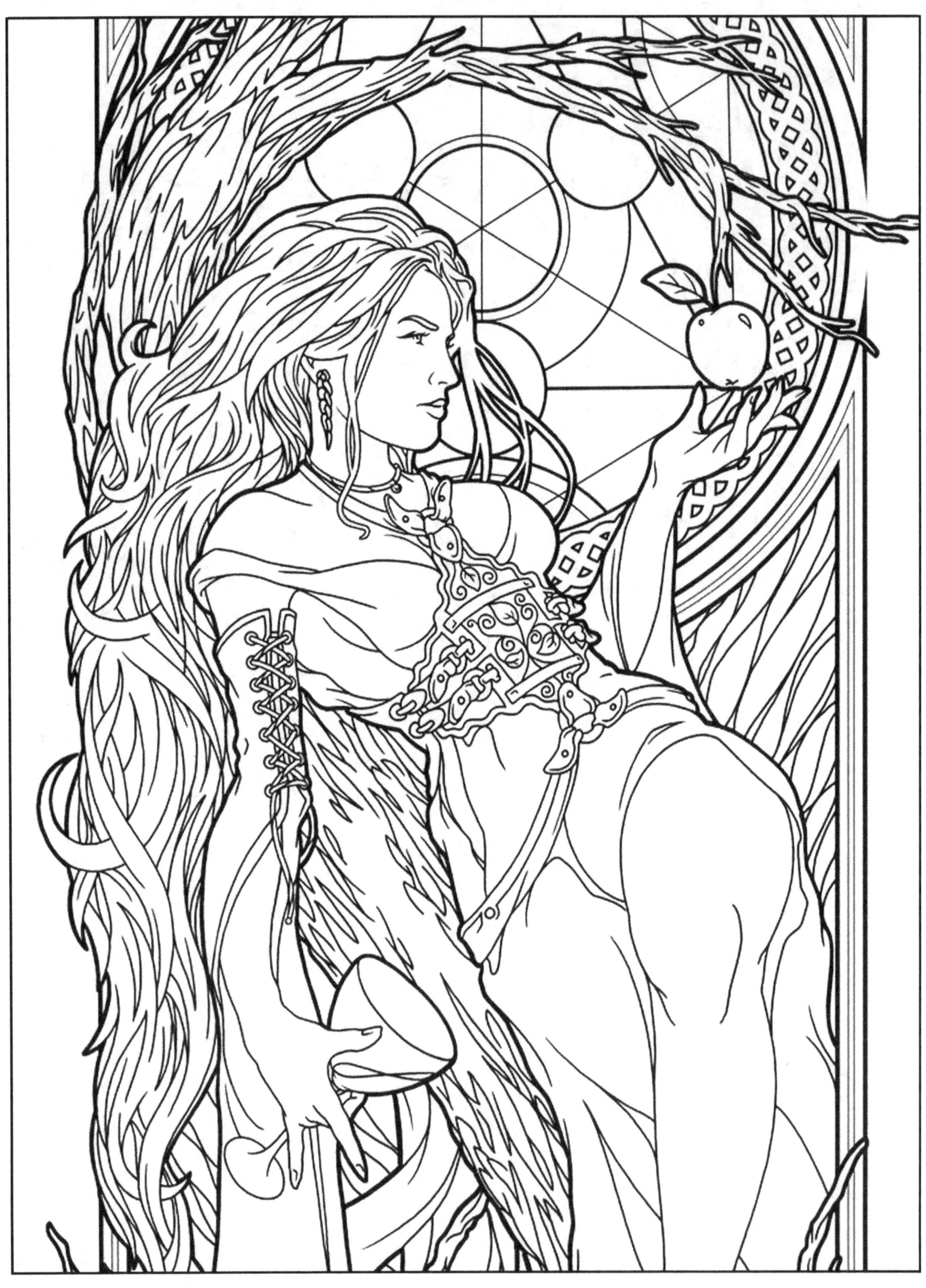

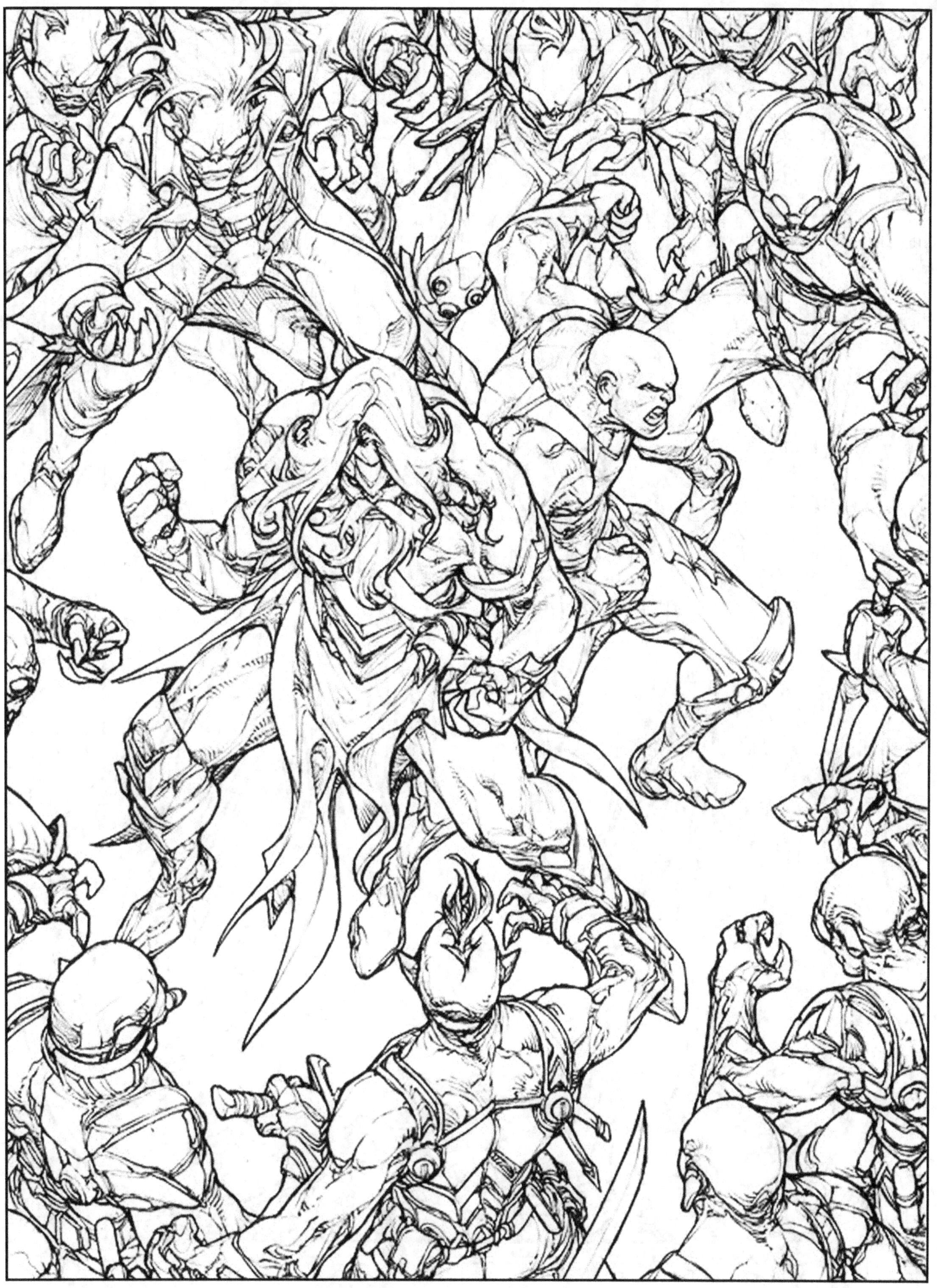

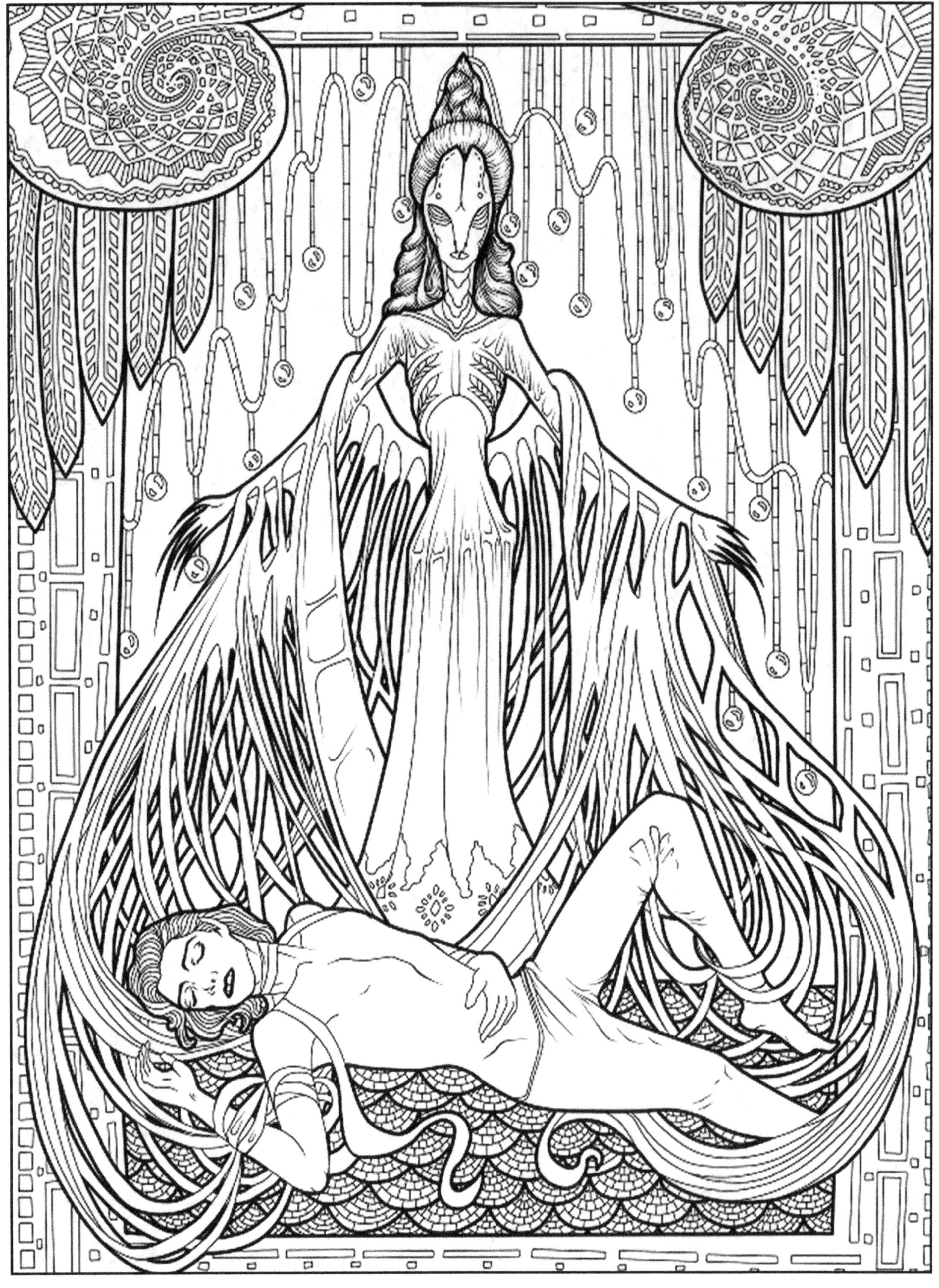

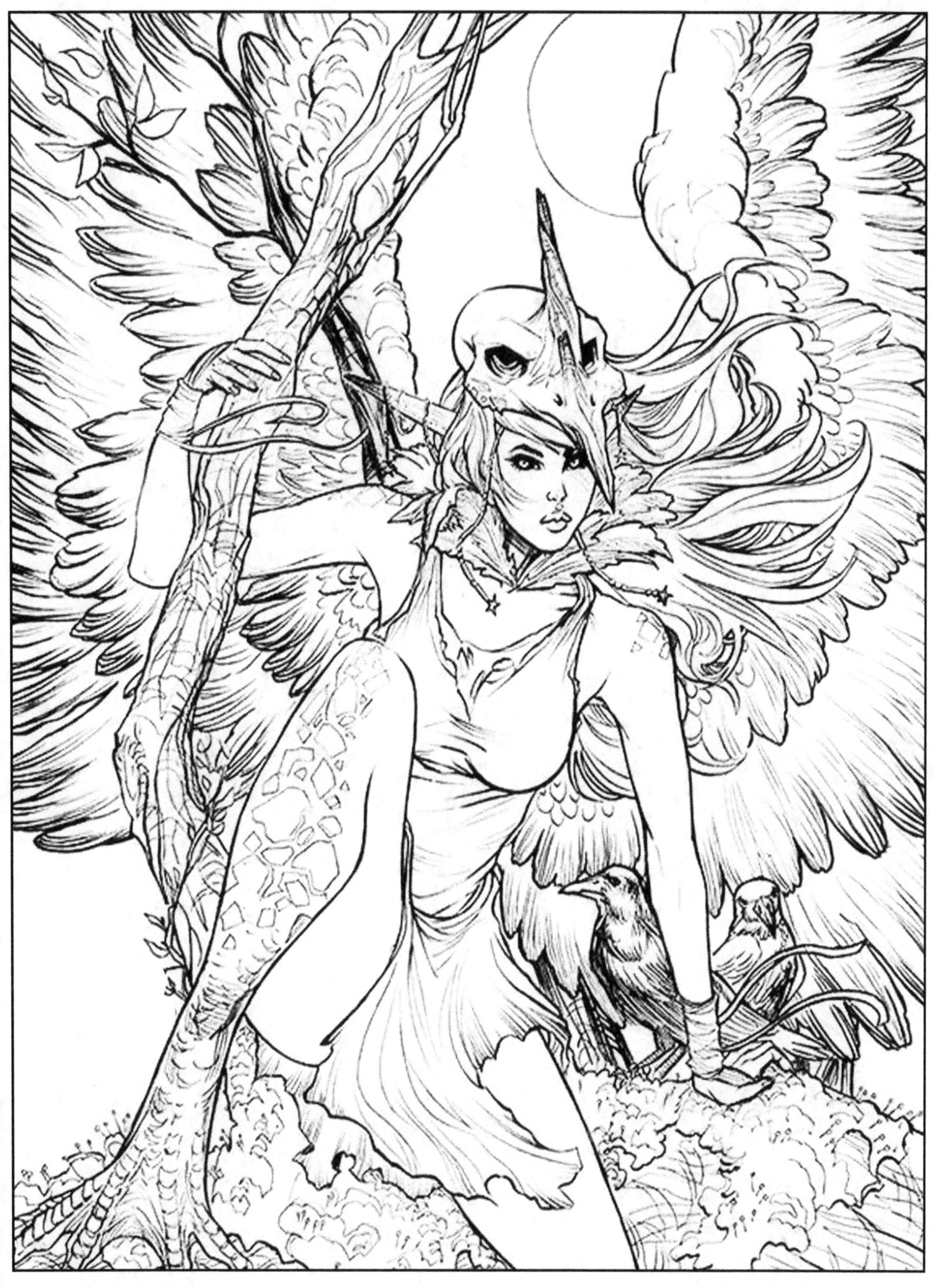

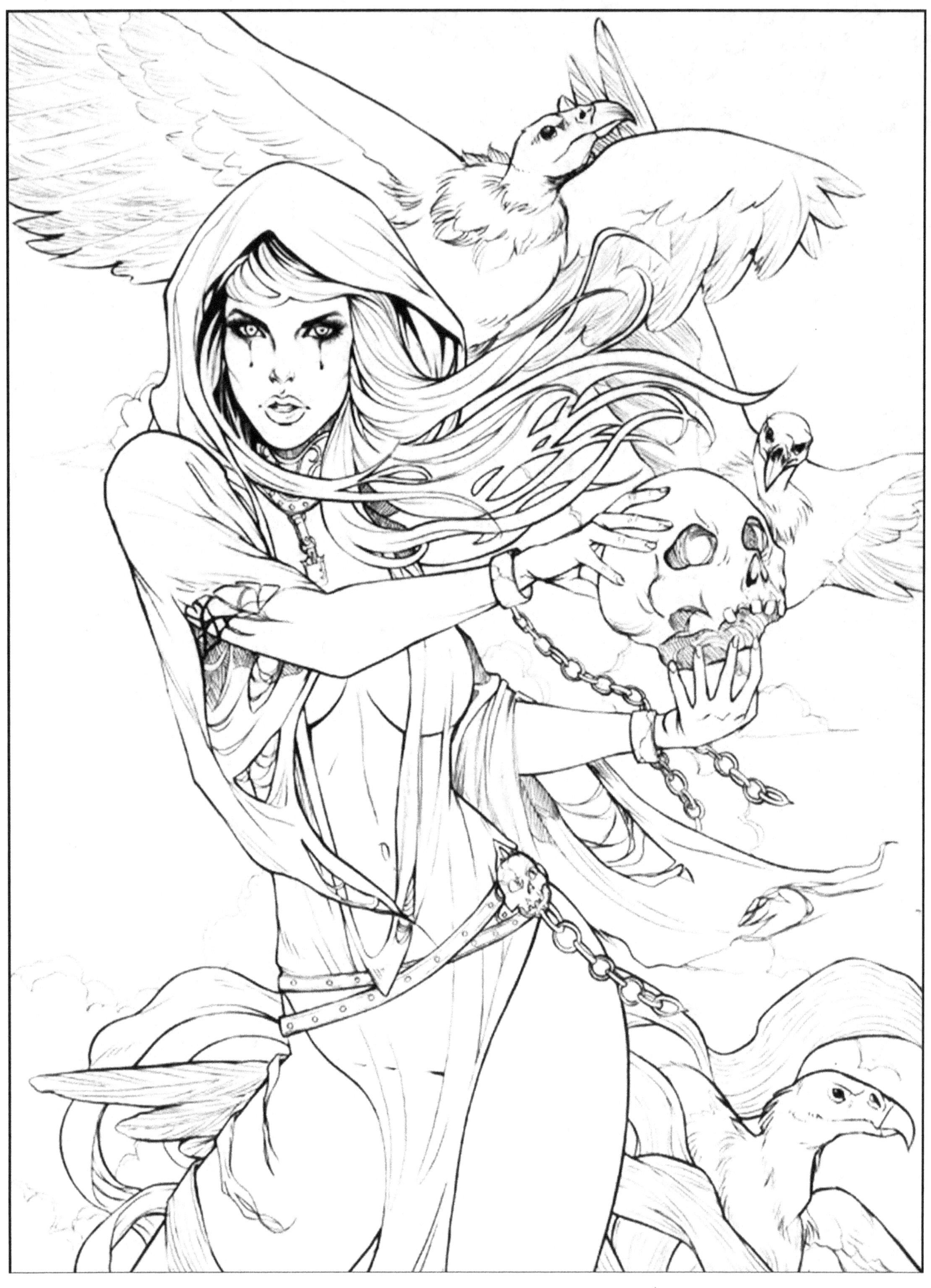

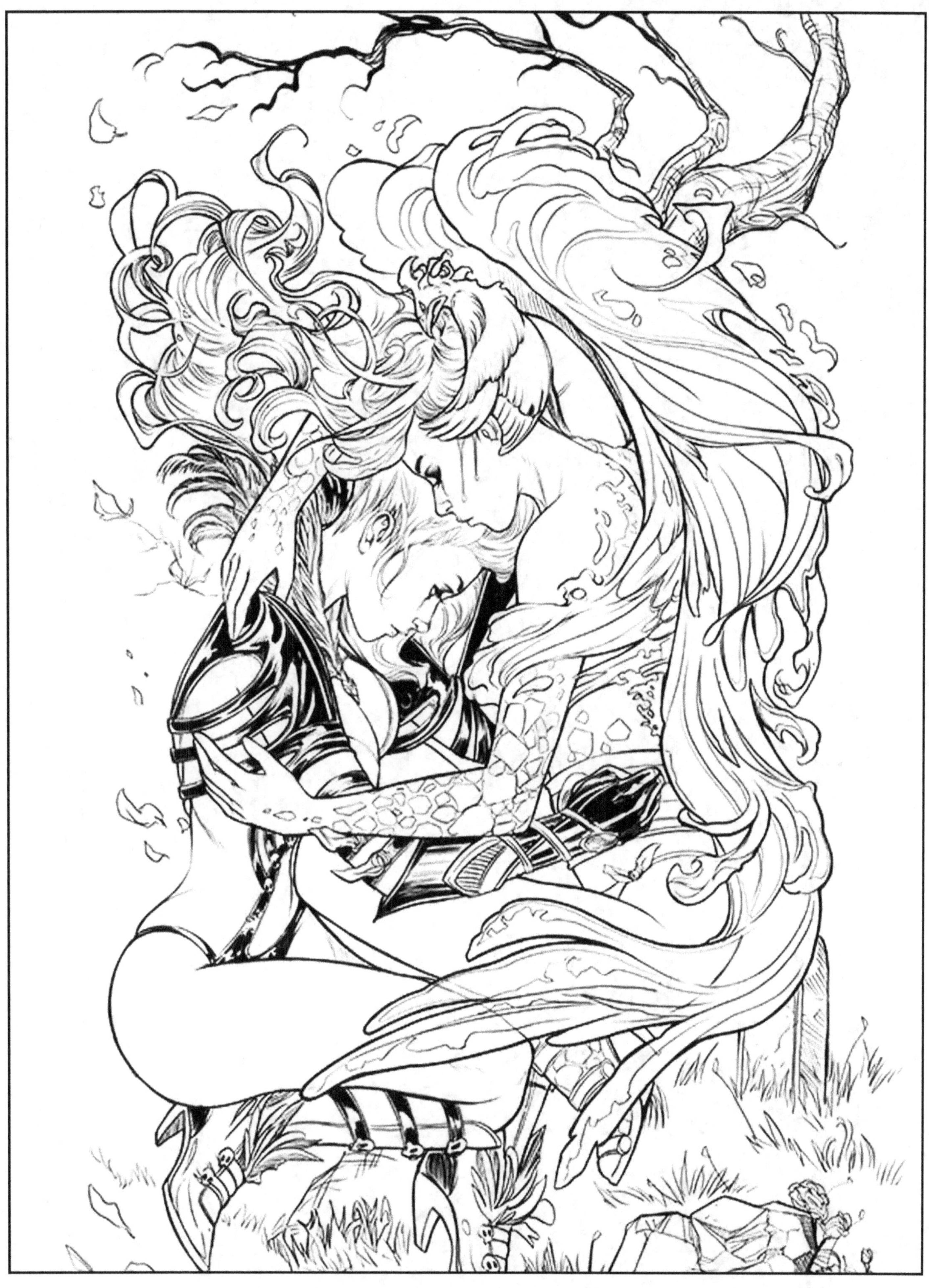

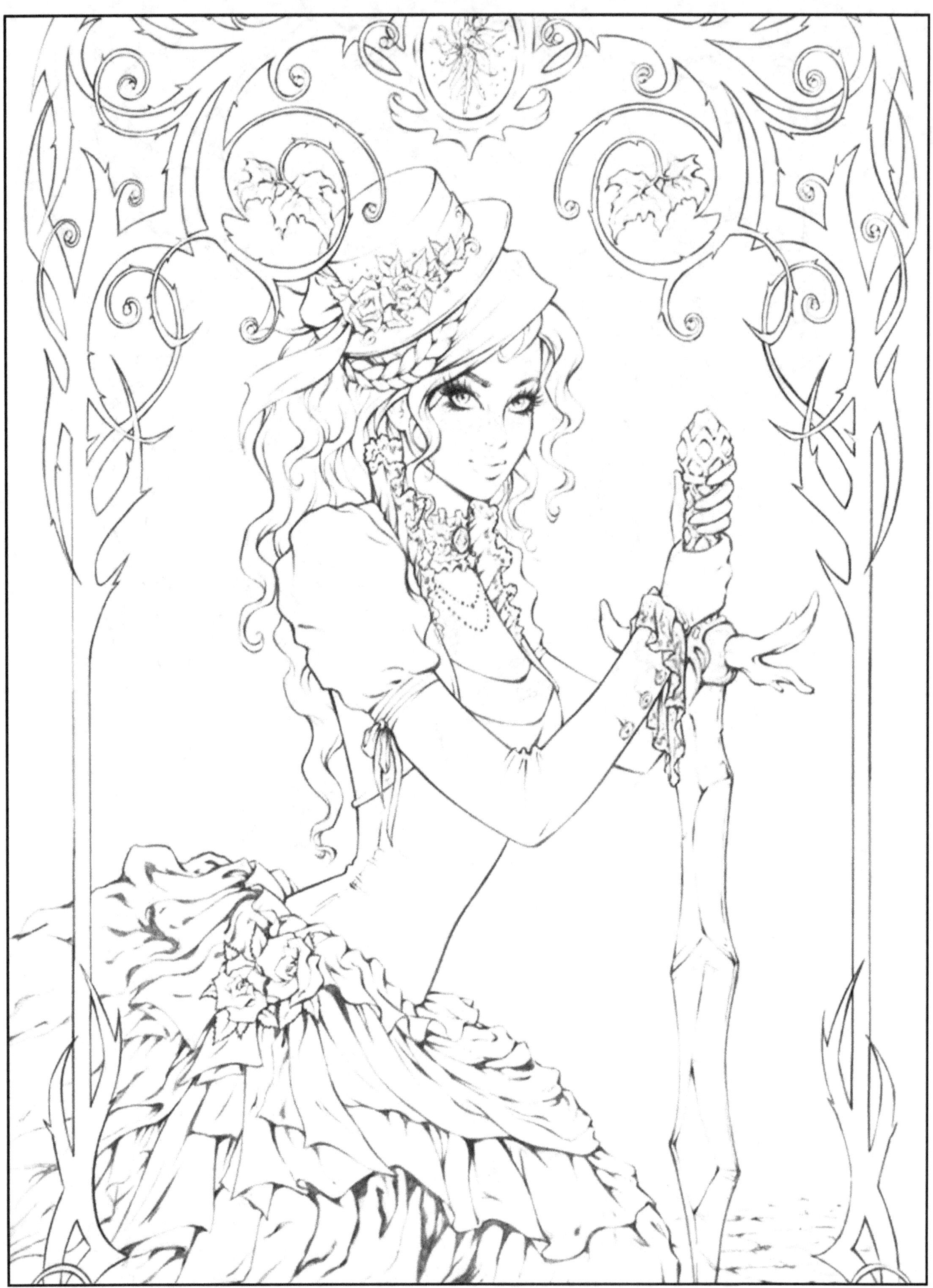